普通高等教育机械类系列教材

现代工程制图同步练习册（VR 版）
——基于二维表达与三维构型

主　编　张宗波

副主编　王　珉　曹清园　陈福忠　牛文杰　戚　美　吕志鹏

电子工业出版社
Publishing House of Electronics Industry
北京·BEIJING

内 容 简 介

本练习册是根据教育部高等学校工程图学课程教学指导委员会最新修订的《普通高等学校工程图学课程教学基本要求》及最新发布的相关制图标准，呼应目前制造业快速转型升级对工程图样表达的新需求，基于中国石油大学（华东）工程图学教学团队十余年的教学研究与改革经验编写而成的。本练习册与张宗波主编的《现代工程制图（VR版）——基于二维表达与三维构型》教材配套使用，也可配合其他相关工程制图教材或作为独立资料使用。

本练习册的编写顺序与配套教材基本一致，主要围绕立体结构的二维表达和三维构型展开，新增了大量以前教材中未涉及的知识点，与教材配套使用能够使学生循序渐进地掌握平面与立体的表达方法与技巧，为培养与行业接轨的现代设计与工程表达能力奠定基础。

本练习册可作为高等学校32～96学时工科类制图课程的同步辅助学习用书，亦可作为继续教育学院、职工业余大学等教学机构的制图课程练习用书和从事相关工作的人员的自学用书。

未经许可，不得以任何方式复制或抄袭本书之部分或全部内容。
版权所有，侵权必究。

图书在版编目（CIP）数据

现代工程制图同步练习册：VR版：基于二维表达与三维构型 / 张宗波主编. —— 北京：电子工业出版社，2025. 8. —— ISBN 978-7-121-51148-6

Ⅰ．TB23-44

中国国家版本馆 CIP 数据核字第 202511B5J2 号

责任编辑：王　花
印　　刷：涿州市京南印刷厂
装　　订：涿州市京南印刷厂
出版发行：电子工业出版社
　　　　　北京市海淀区万寿路173信箱　邮编：100036
开　　本：787×1092　1/8　印张：15　字数：102.4千字
版　　次：2025年8月第1版
印　　次：2025年8月第1次印刷
定　　价：48.00元

凡所购买电子工业出版社图书有缺损问题，请向购买书店调换。若书店售缺，请与本社发行部联系，联系及邮购电话：(010)88254888，88258888。
质量投诉请发邮件至 zlts@phei.com.cn，盗版侵权举报请发邮件至 dbqq@phei.com.cn。
本书咨询联系方式：dujun@phei.com.cn。

前 言

本练习册可与中国石油大学（华东）张宗波主编的《现代工程制图（VR版）——基于二维表达与三维构型》教材配套使用，也可配合其他相关工程制图教材或作为独立资料使用，本练习册配有虚拟现实三维模型及全套网络平台资源。本练习册的编写顺序与配套教材基本一致，主要围绕立体结构的二维表达和三维构型展开，与教材配套使用可以循序渐进地培养学生平面与立体的表达方法与技巧，以及空间思维能力。

使用本练习册时的说明和建议如下：

1. 学生解题之前请先学习相关理论知识，建议以网络教学平台中的知识图谱为引导，结合混合式教学进程，进行高效自主学习。
2. 本练习册二维表达与三维构型并重，部分题目还设置了相应的计算机辅助立体模型，但主要训练的是构型逻辑而不是软件操作，因此各学校可根据自己的情况合理选择绘图软件作为辅助工具。
3. 本练习册建议与网络教学平台联合使用，立体建模作业建议通过网络教学平台进行提交和考核。
4. 拓展训练题建议以学习小组形式开展，并配合答辩环节进行，落实"以评促学"的朋辈学习模式。

本练习册由张宗波统稿并担任主编，参加练习册编写的人员有王珉、曹清园、陈福忠、牛文杰、戚美、吕志鹏。牛文杰、戚美、吕志鹏对本练习册所涉及的国家标准进行了校核。虚拟现实模型等电子资源主要由张宗波、王珉、曹清园、陈福忠完成。

大连理工大学的王丹虹教授和天津大学的姜杉教授对书稿进行了审阅，并提出了宝贵意见，在此深表谢意。

由于编者水平有限，且教学改革仍有一定局限性，本练习册中难免存在不足之处，敬请各位读者批评指正。

编 者

2025年6月

目 录

第一章　构型与表达基础 ·· 1

第二章　基本体的构型与投影 ·· 7

第三章　组合体的构型与视图 ·· 14

第四章　机件的表达方法 ·· 27

第五章　标准件与常用件 ·· 33

第六章　零件图 ·· 38

第七章　装配图 ·· 53

第一章　构型与表达基础

班级：　　　　姓名：　　　　学号：

1. 你能举出哪些点动成线、线动成面、面动成体的例子？

2. 根据所给图线，在空白处画出相同的线型。

   细实线：————————————

   粗实线：————————————

   点画线：— · — · — · — · — · —

   双点画线：— · · — · · — · · —

   波浪线：～～～～～～～～

第一章 构型与表达基础   班级：   姓名：   学号：

根据所给立体图，在给定的位置回答以下问题。

（1）沿三个坐标轴方向 1∶1 量取（取整数）A、B、C 三点的坐标值，并判断其空间位置（是否位于某投影面或投影轴上）。

（2）作出 A、B、C 的三面投影，并确定其各投影的三维坐标。

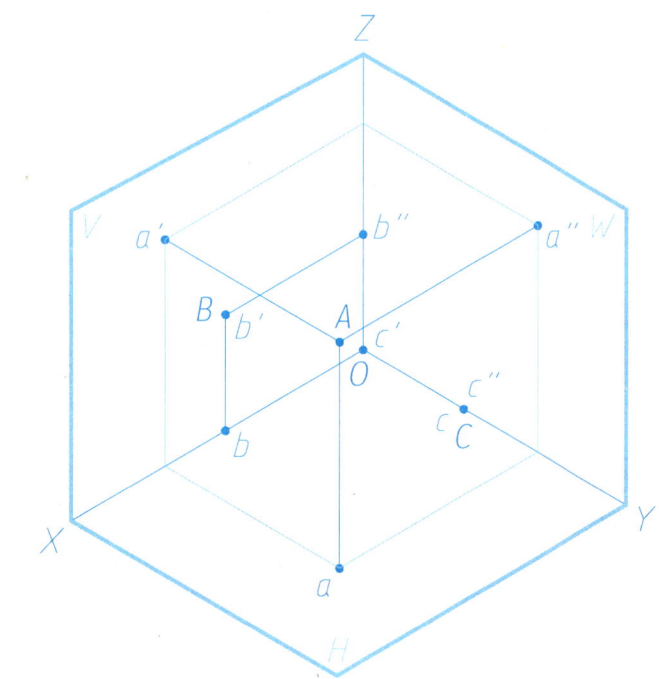

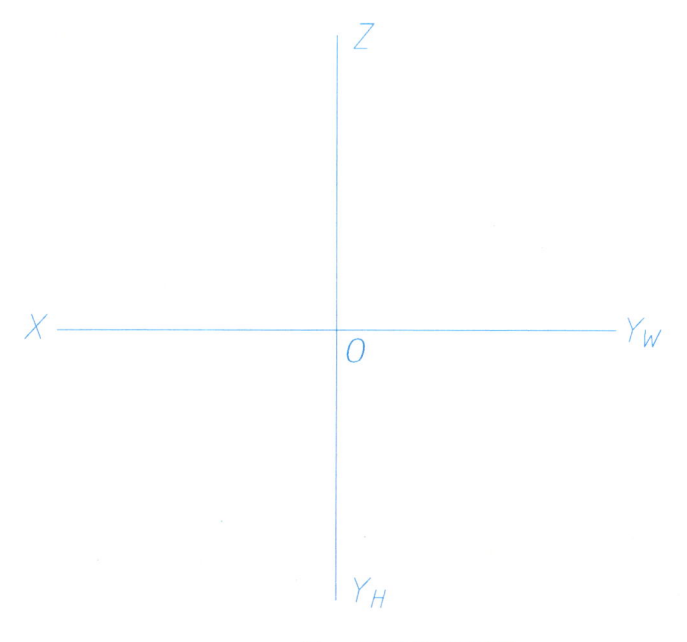

A、B、C 的三面投影图

A 点的坐标为_____； 空间位置为_____。

a、a'、a″的坐标分别为_____。

B 点的坐标为_____； 空间位置为_____。

b、b'、b″的坐标分别为_____。

C 点的坐标为_____； 空间位置为_____。

c、c'、c″的坐标分别为_____。

第一章　构型与表达基础

1. 已知条件：

   A 点的投影如图所示；

   B 点在 A 点的左方 7mm、前方 20mm、上方 11mm；

   C 点在 B 点的正后方 10mm；

   D 点位于 H 面和 W 面上，距离 V 面 12mm。

   回答问题：

   （1）作出 B、C、D 的三面投影。

   （2）过 B、C 两点的直线与 V 面的位置关系为＿＿＿＿＿＿。

   （3）过 B、C 两点的直线上的所有点是否均为 V 面上的重影点？＿＿＿＿＿。

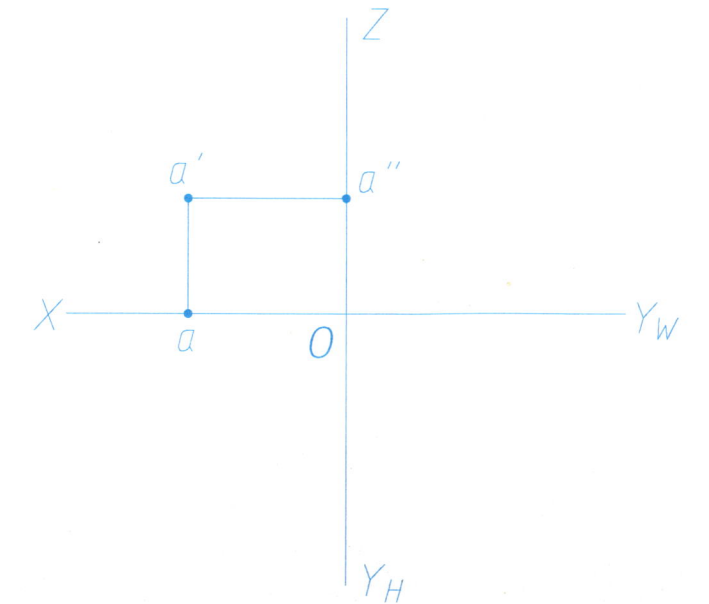

2. 根据已知条件，完成直线 AB、CD 和 EF 的两面投影。

   （1）AB 实长为 22mm，A 点在 B 点的下方，且 A 点到 H 面和 V 面的距离相等；

   （2）A、C、D 为重影点；

   （3）EF 垂直于 CD，与 H 面的夹角为 45°，F 点在 E 点的上方，且 CDE 为水平面。

3. 判断以下平面的类型。

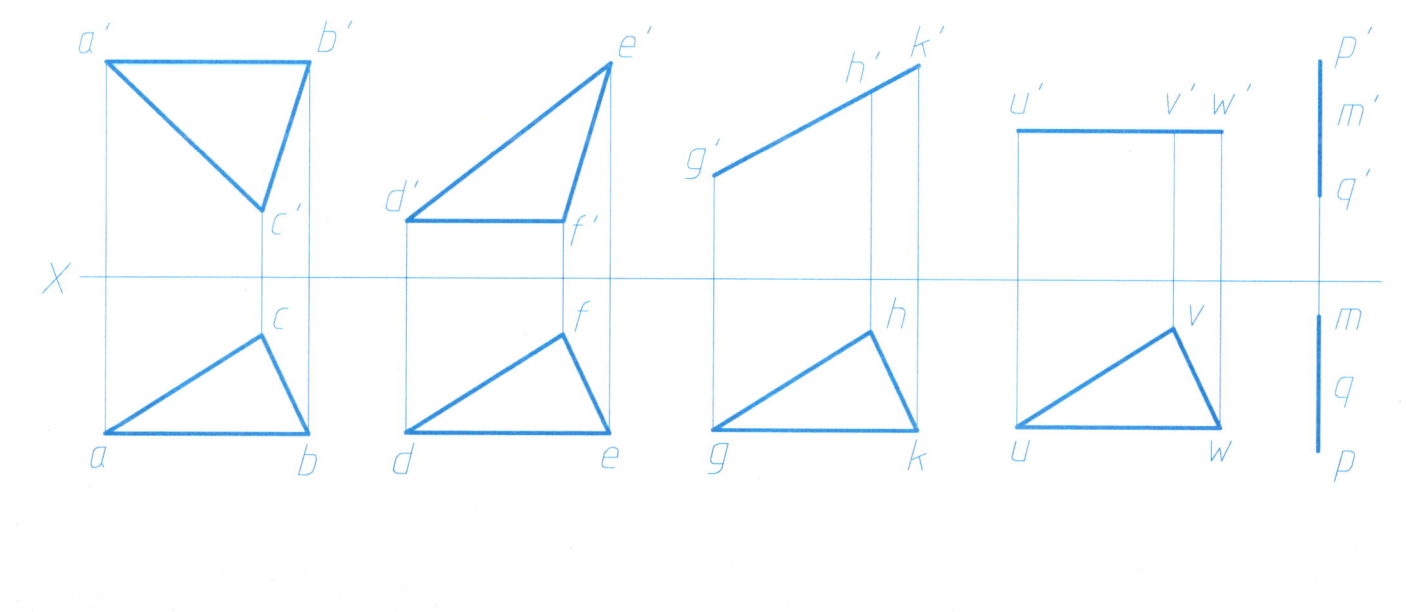

第一章 构型与表达基础

已知立体及其下表面 QTNRP 的投影如下图所示，回答以下问题：

（1）完成立体其他所有表面的投影，所需尺寸从立体图中按坐标轴方向 1∶1 量取。

（2）在平面 ABCDEF 上过 C 点作一条水平线 CU，U 点在棱线上，并作出 CU 的三面投影。

（3）直线 CU 与 AB 及它们的同面投影之间是否为平行关系？

（4）在平面 ABCDEF 上还能作出哪些类型（位置）的直线？

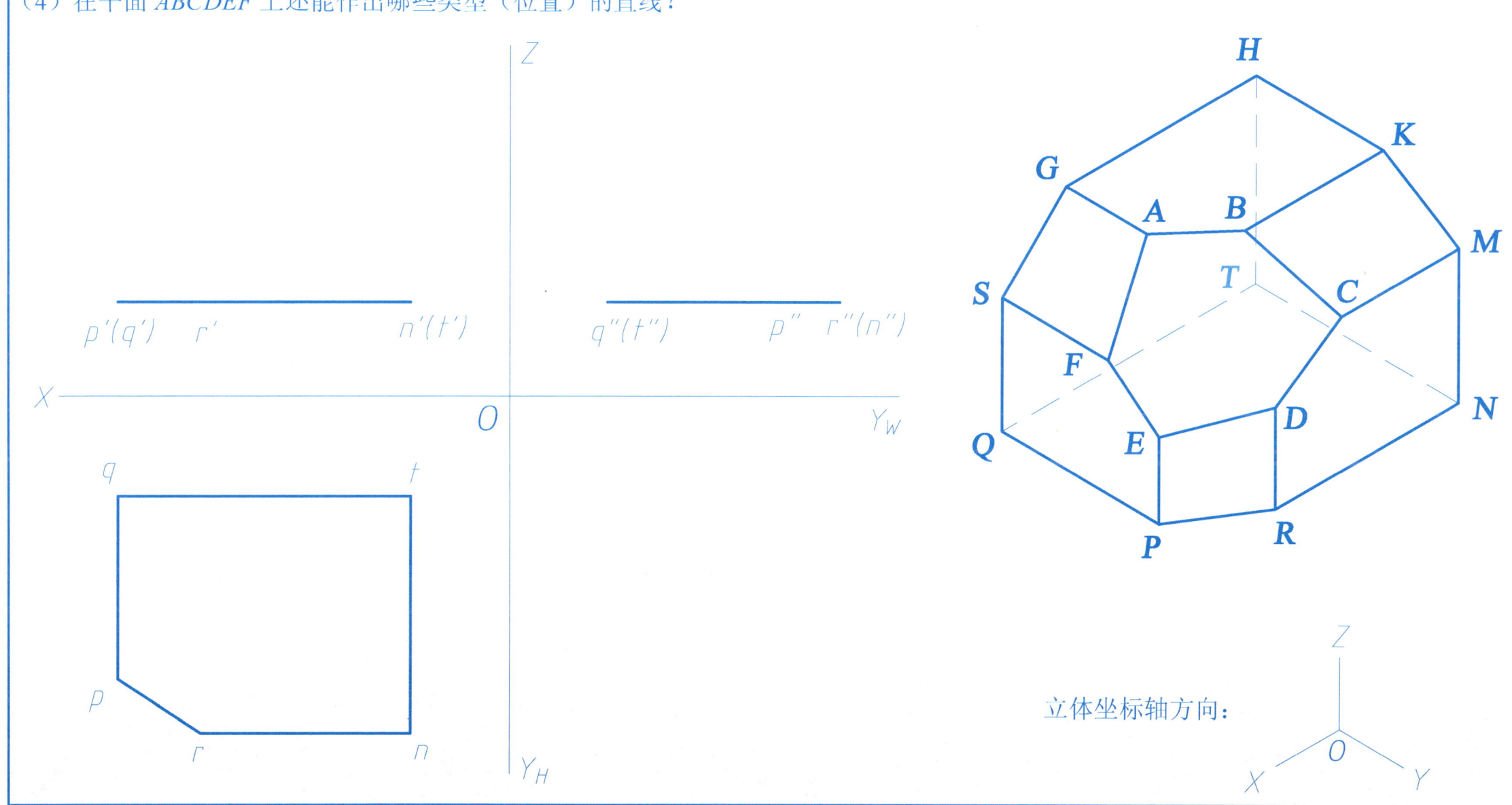

立体坐标轴方向：

第一章 构型与表达基础

分析图中尺寸标注存在的问题,并在右侧图中重新标注全部尺寸。

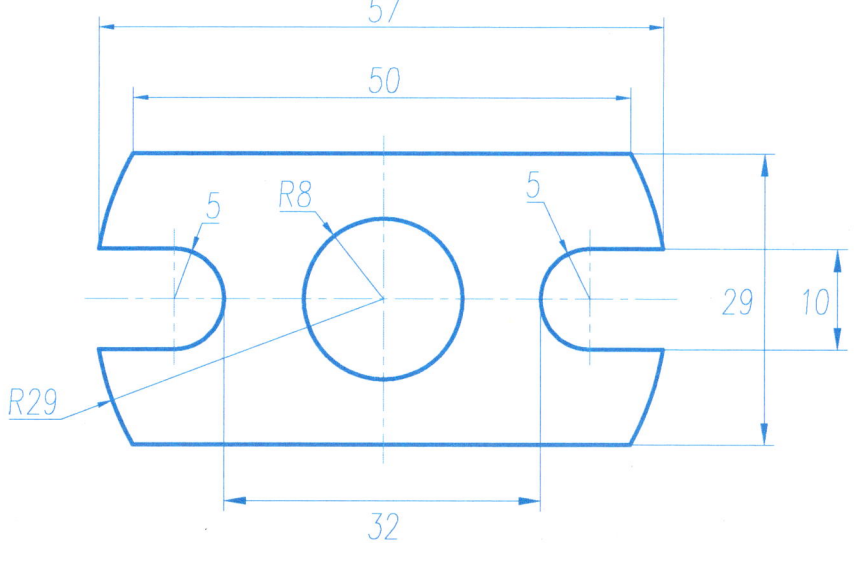

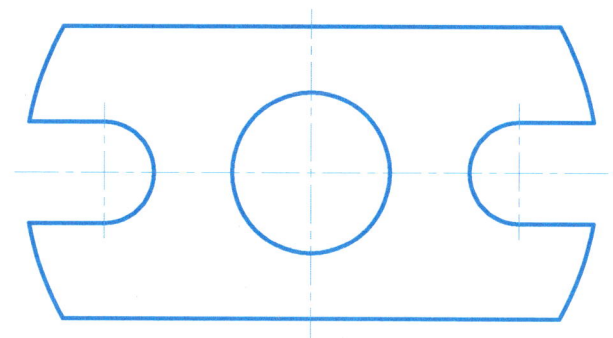

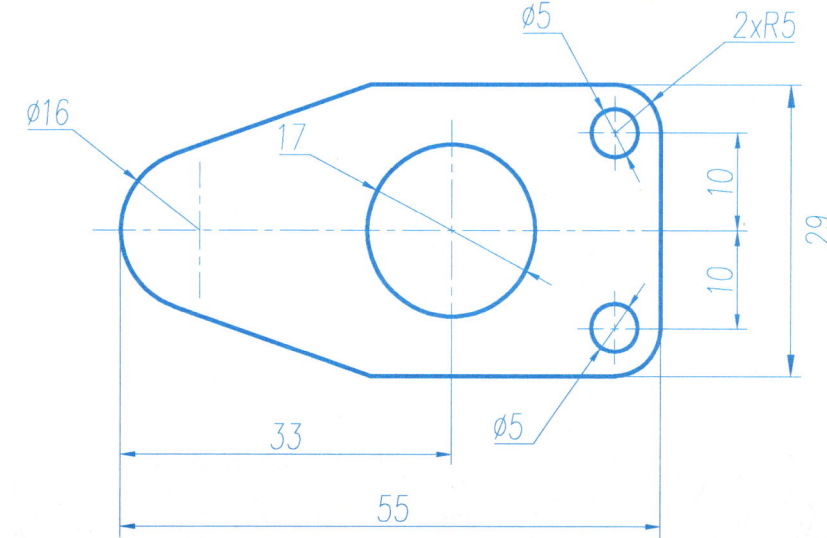

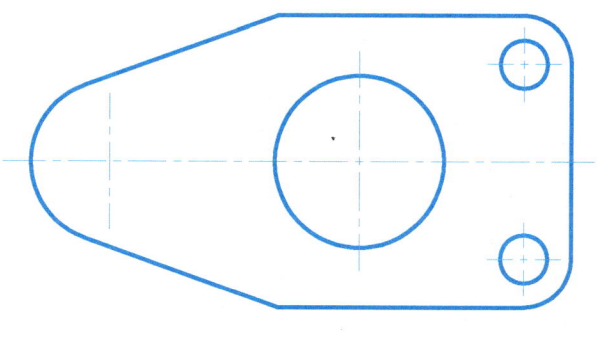

第一章　构型与表达基础

1. 首先确定以下两个平面图形的尺寸基准，然后标注尺寸，并运用相关三维软件的草图功能完成全约束图形的绘制。

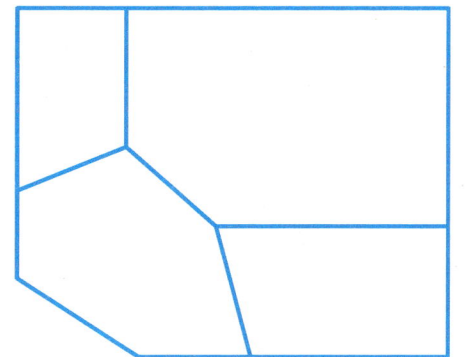

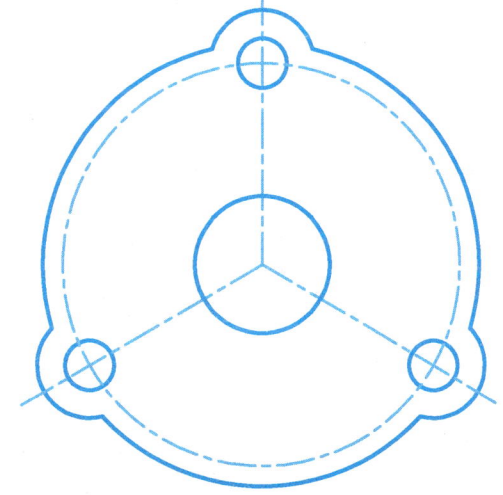

2. 已知下图所示的平面图形，回答以下问题。

（1）指出尺寸基准，标注全部尺寸。

（2）哪些尺寸是定位尺寸？

_____

（3）该图形包含哪些几何约束？

_____

_____

_____

（4）运用相关三维软件的草图功能完成全约束图形的绘制。

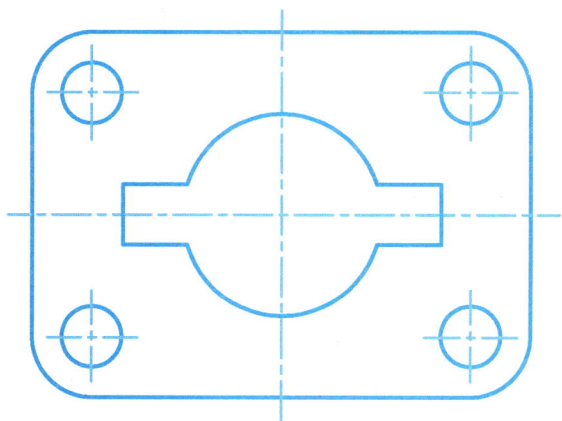

第二章 基本体的构型与投影

班级：　　　　姓名：　　　　学号：

1. 已知构型变量 L 和特征图形 F，通过沿垂直特征图形方向进行拉伸，画出六棱柱的三面投影。

构型变量L

特征图形F

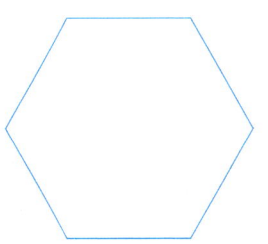

2. 已知构型变量 L 和特征图形 F，通过沿垂直特征图形方向进行放样，画出三棱锥的三面投影。

构型变量L

特征图形F

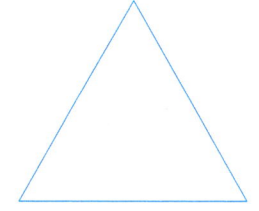

3. 画出正六棱柱被截切后的侧面投影。

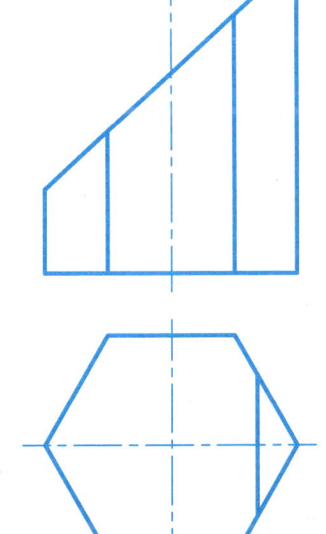

4. 补全正四棱锥被截切后的水平投影，并画出其侧面投影。

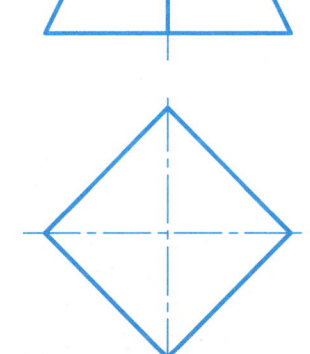

第二章　基本体的构型与投影

班级：　　　姓名：　　　学号：

1. 对于圆柱的构型，有几种方法，在下面画出两种圆柱的构型方法，标记出其特征图形 F、动作 M、路径 S 及构型变量 L。

　　构型方法一：　　　　　　　　　　　　　　构型方法二：

2. 根据正面投影和水平投影画出侧面投影。

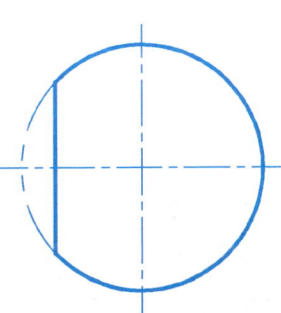

3. 根据侧面投影和水平投影画出正面投影。

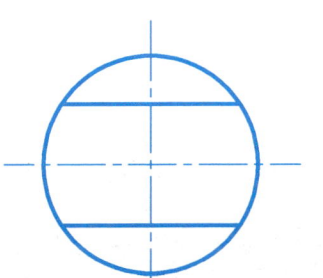

第二章 基本体的构型与投影

班级：　　　　姓名：　　　　学号：

1. 根据侧面投影和水平投影画出正面投影。

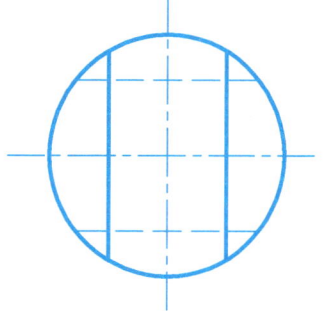
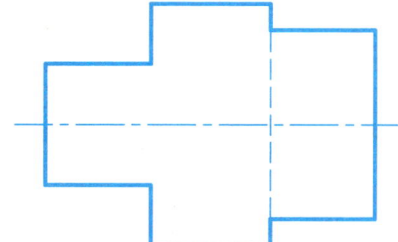

2. 根据正面投影和水平投影画出侧面投影。

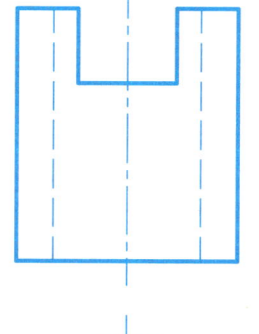
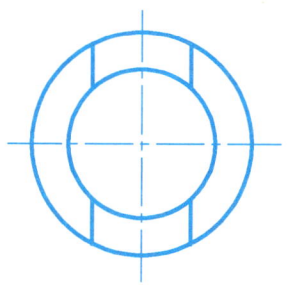

3. 根据正面投影和水平投影画出侧面投影。

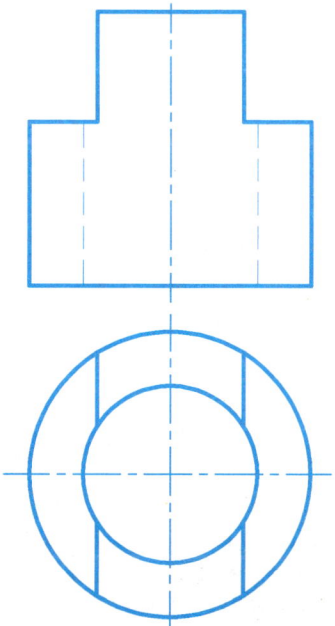

4. 根据正面投影和侧面投影画出水平投影。

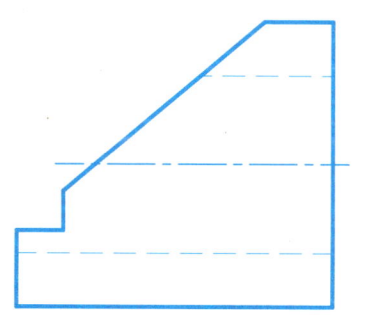
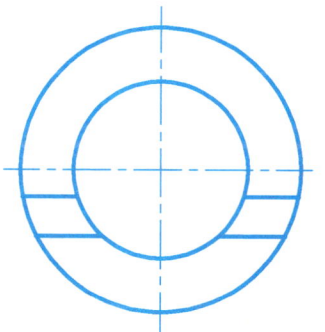

第二章　基本体的构型与投影

班级：　　　　姓名：　　　　学号：

1. 圆锥被一个水平面和一个正垂面截切，画出侧面投影。

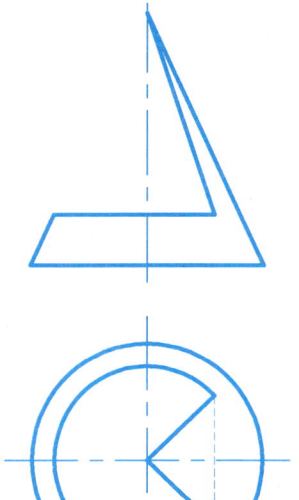

2. 圆锥被一个正平面和一个侧垂面截切，补全水平投影并画出正面投影。

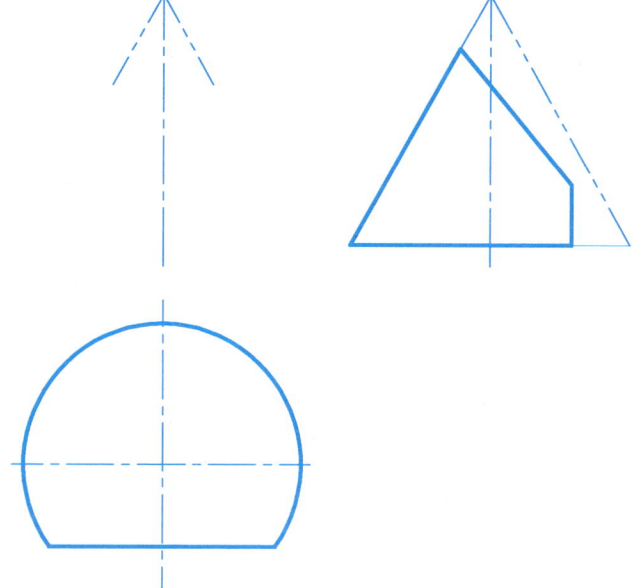

3. 球被一个水平面和一个侧平面截切，画出其水平投影和侧面投影。

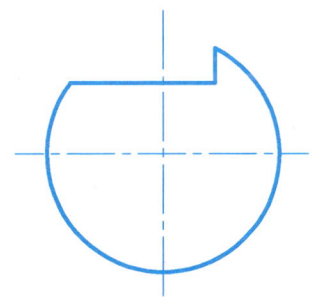

4. 半球被开槽，补全其水平投影和侧面投影。

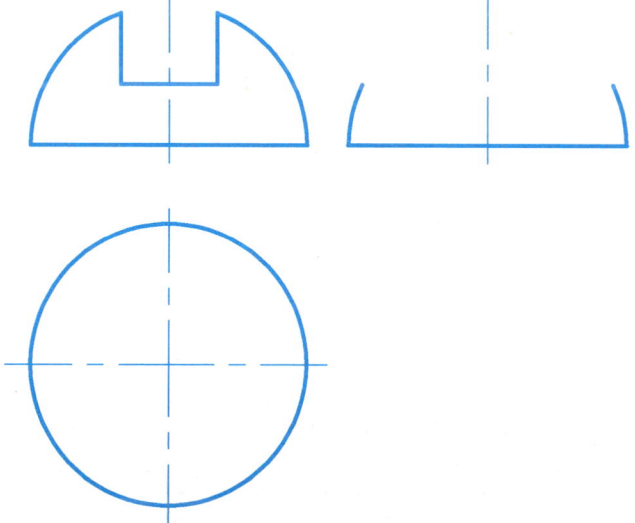

第二章 基本体的构型与投影

班级： 姓名： 学号：

1. 根据正面投影和侧面投影画出水平投影。

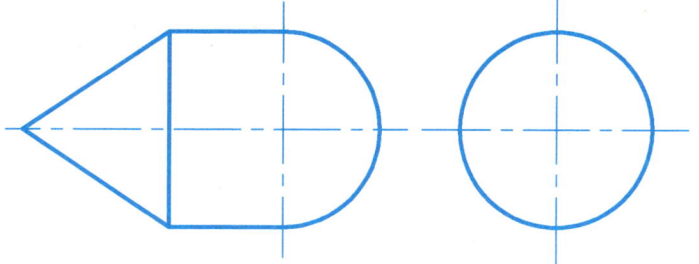

2. 根据水平投影和侧面投影画出正面投影。

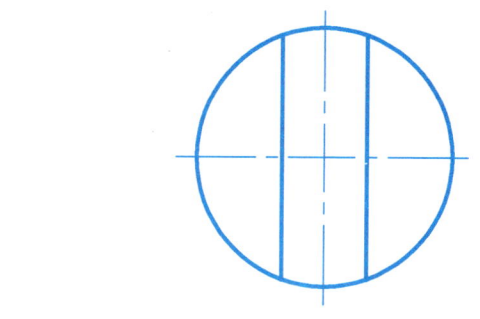

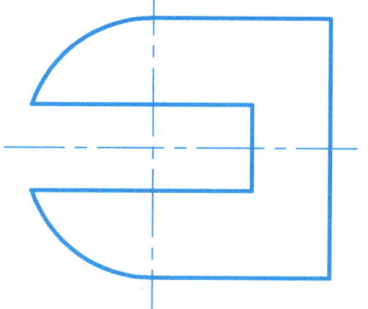

3. 根据正面投影和侧面投影画出水平投影。

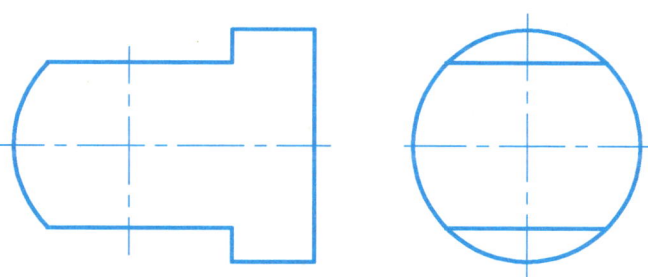

4. 根据正面投影补全水平投影，并画出侧面投影。

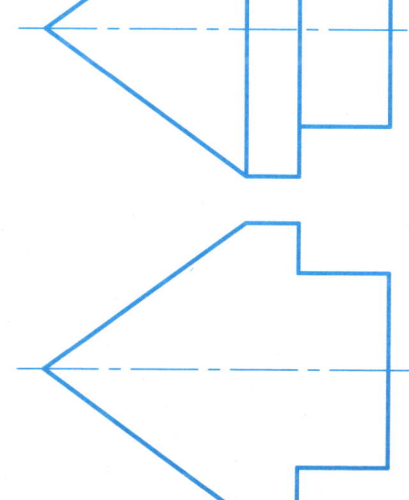

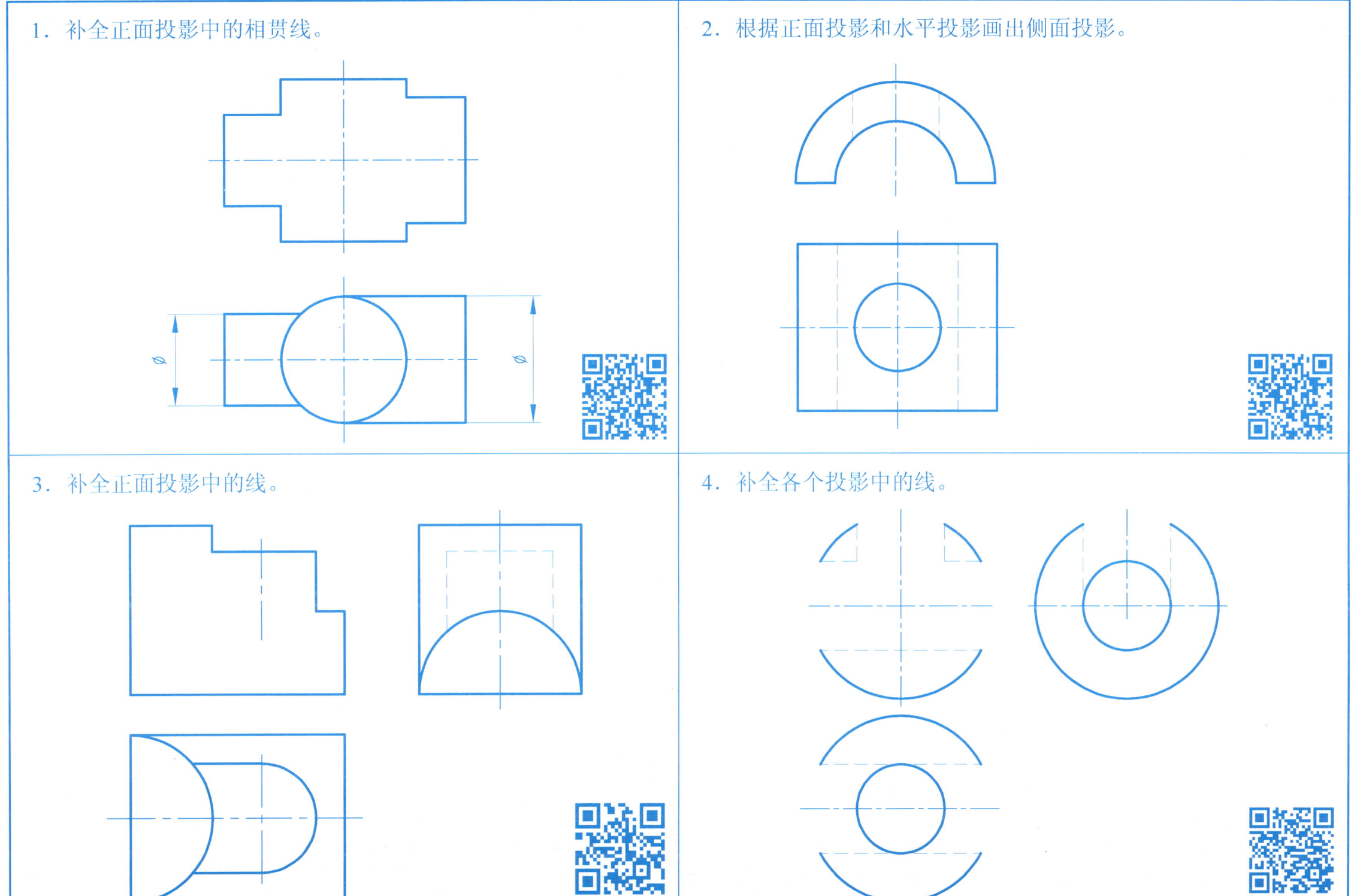

第二章 基本体的构型与投影

班级：　　　　　姓名：　　　　　学号：

拓展练习：查阅榫卯结构的资料，找出两个典型榫卯结构所对应的基本立体截切的形状，并画出其三面投影视图。

例如，下图所示为两个圆柱形的榫卯结构接头，查阅资料学习它们是如何进行连接的，并选择合适的正面投影方向，画出圆柱被截切后的三面投影视图。

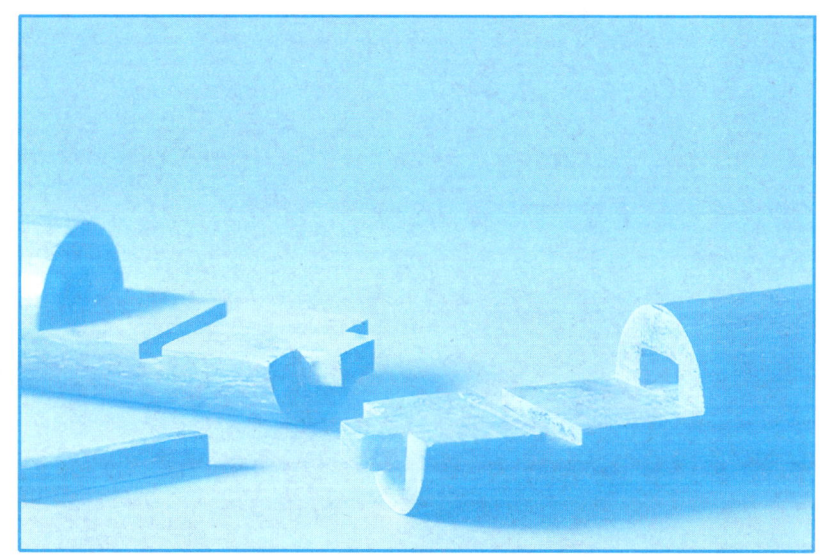

第三章 组合体的构型与视图

根据给定的基本型体和组合体的构型树表达式，构造组合体，想出组合体形状，完成组合体的三视图。

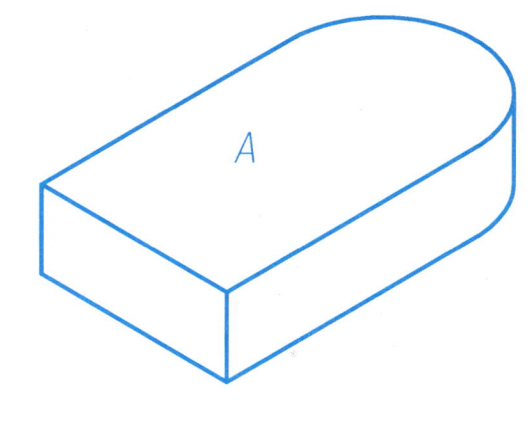
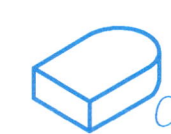

（1）表达式：$S = A + B + C - D$。

（2）表达式：$S = A + B - C + D$。

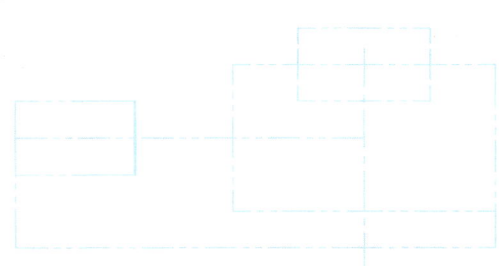
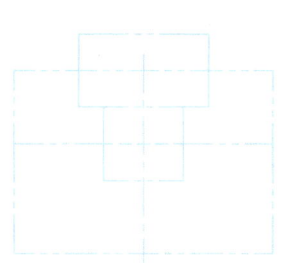

（3）表达式：$S = A - B - C + D$。

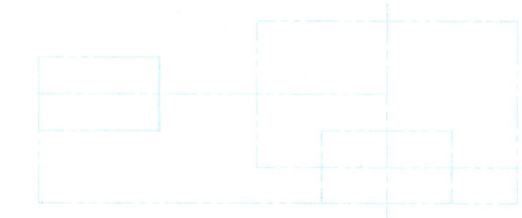
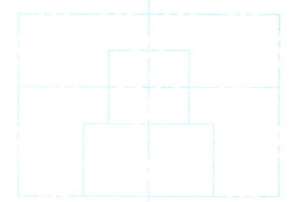

第三章　组合体的构型与视图

参考构型图例，分析构型过程，确定基本型体和构型路径，借助计算机工具画出构型树。

[参考]

方案1：

方案2：

（1）

（2）

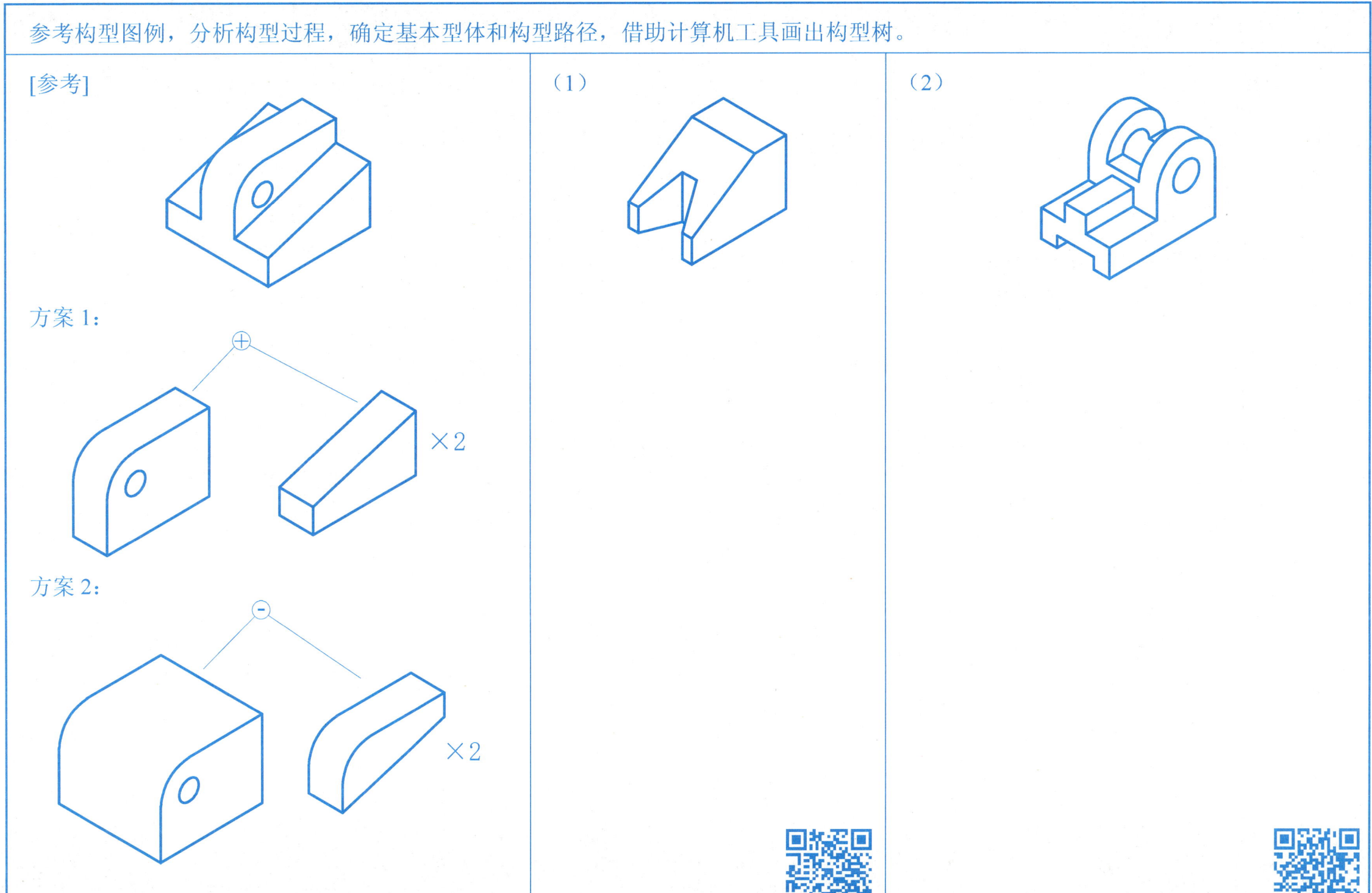

第三章 组合体的构型与视图

根据组合体的三维立体图及尺寸，绘制组合体三视图，比例为1：1（孔皆为通孔）。

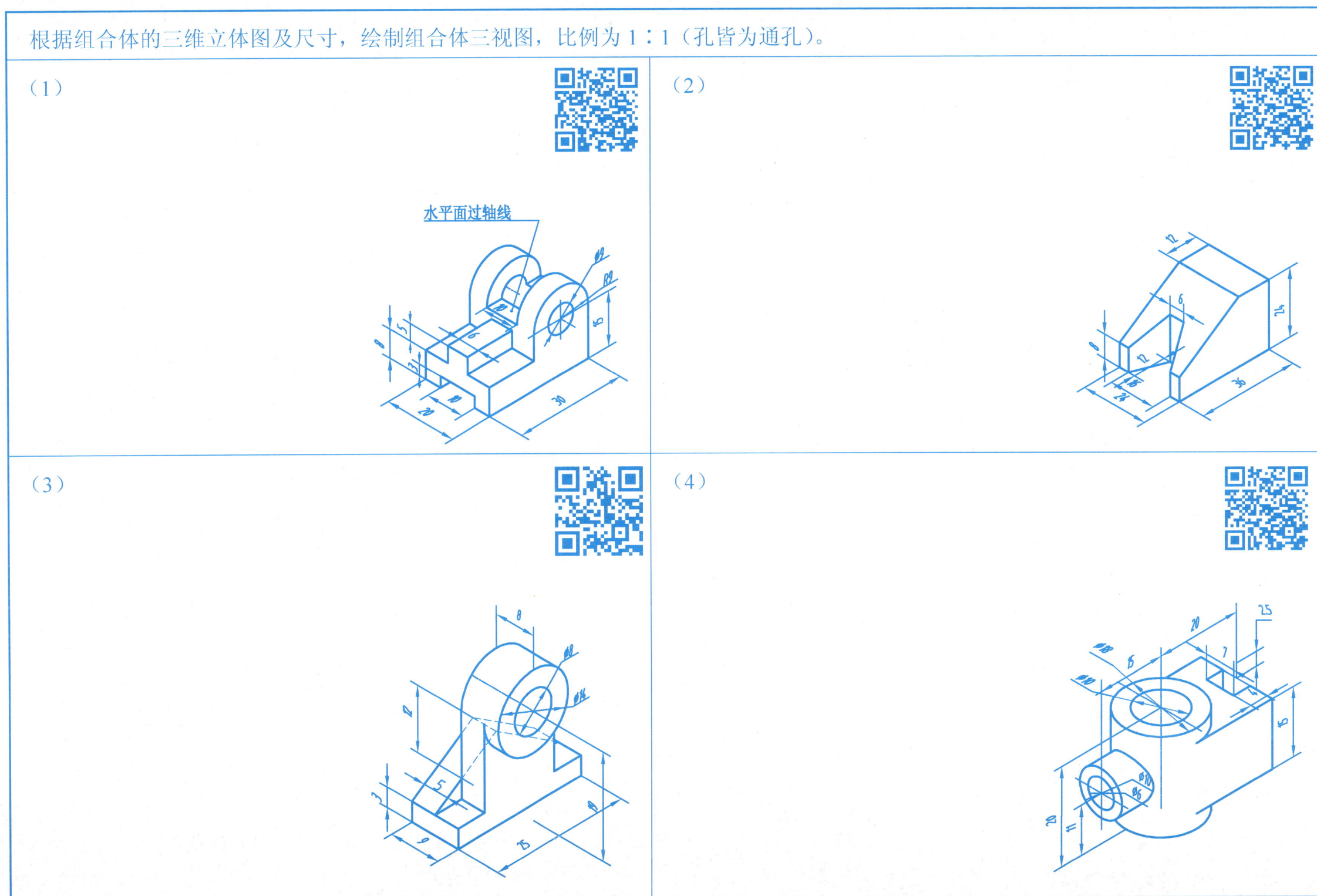

第三章 组合体的构型与视图

根据给定的视图和组合体构型树,想象组合体的形状,完成组合体三视图。

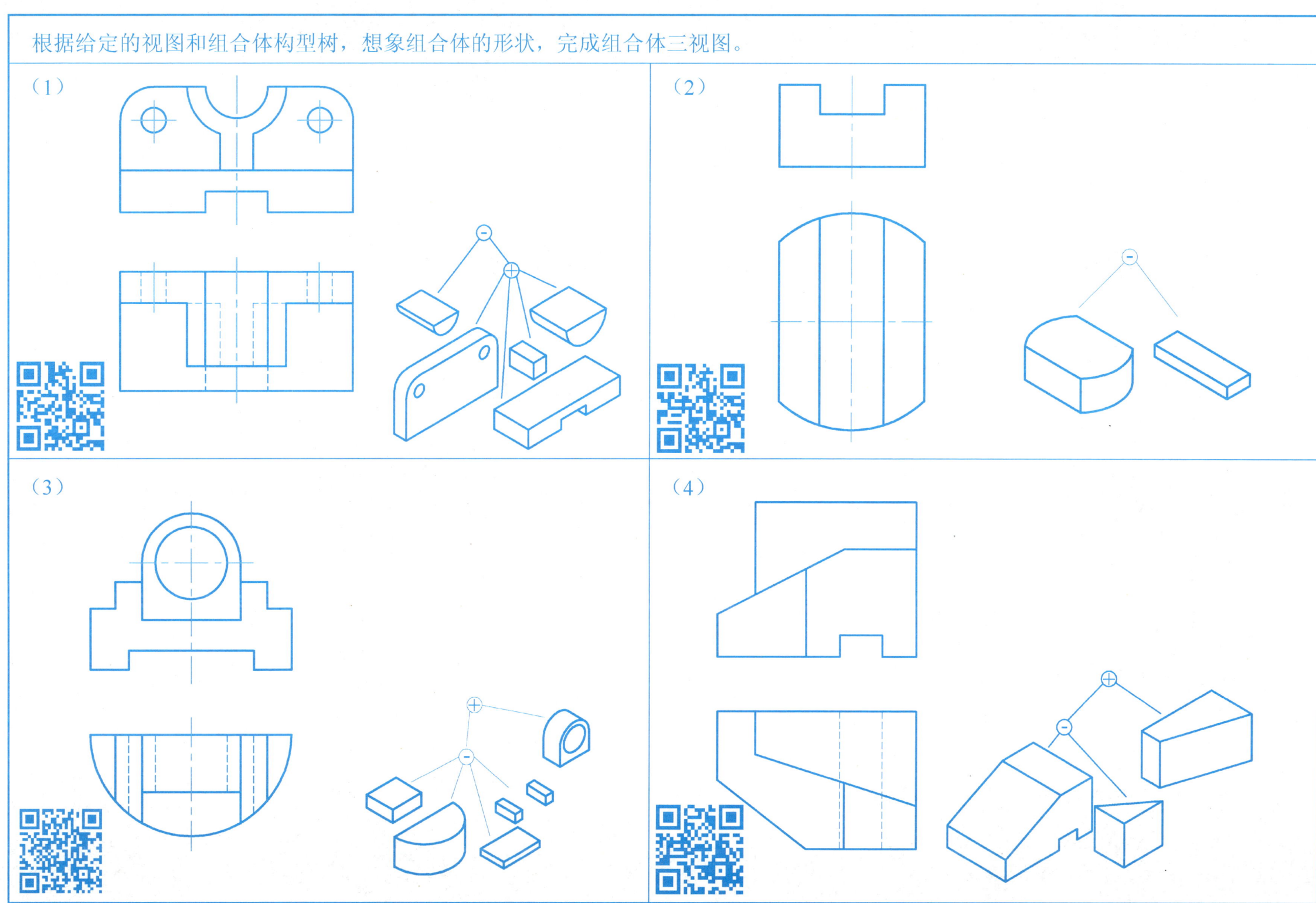

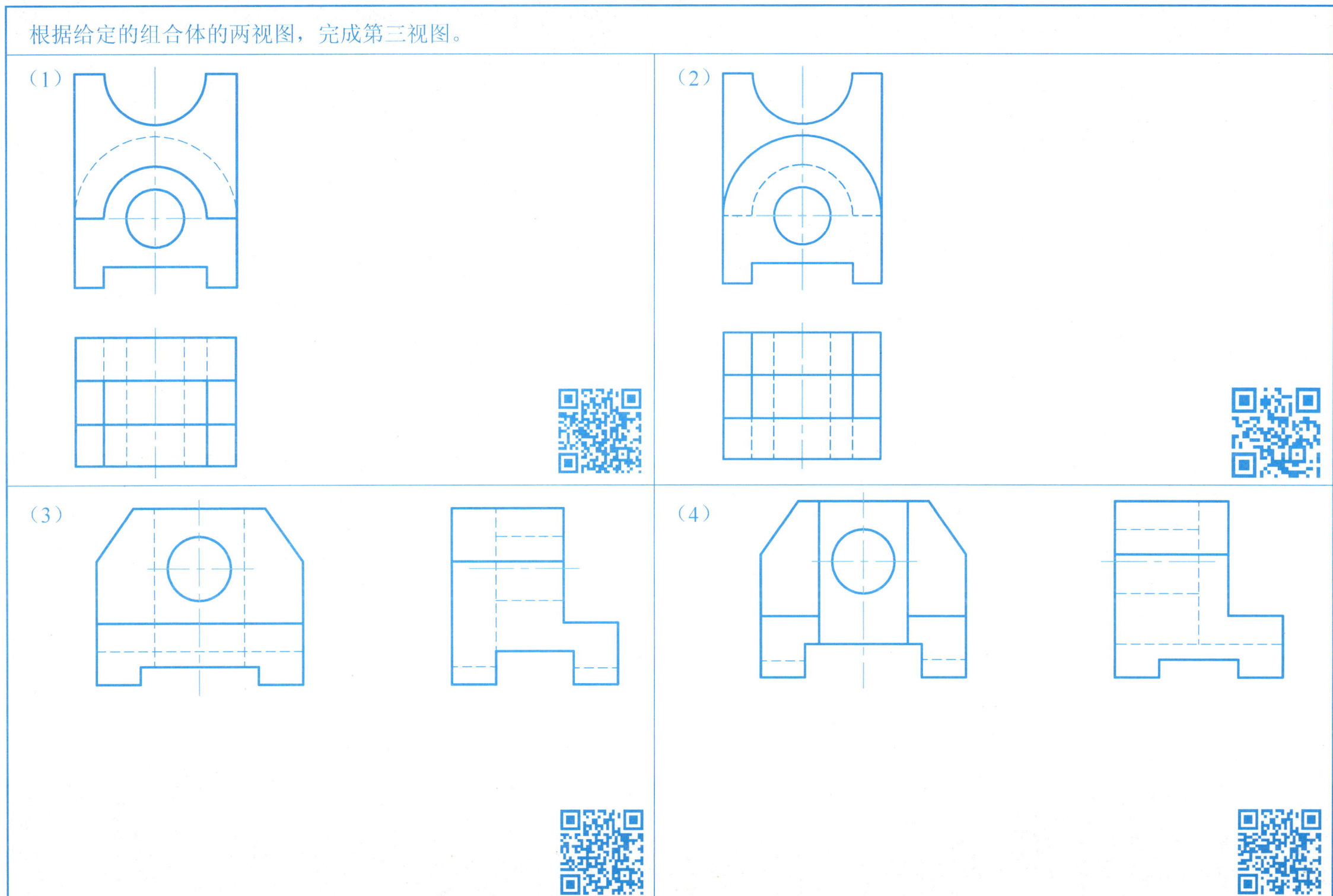

第三章 组合体的构型与视图

班级： 姓名： 学号：

根据给定的组合体的两视图，完成第三视图。

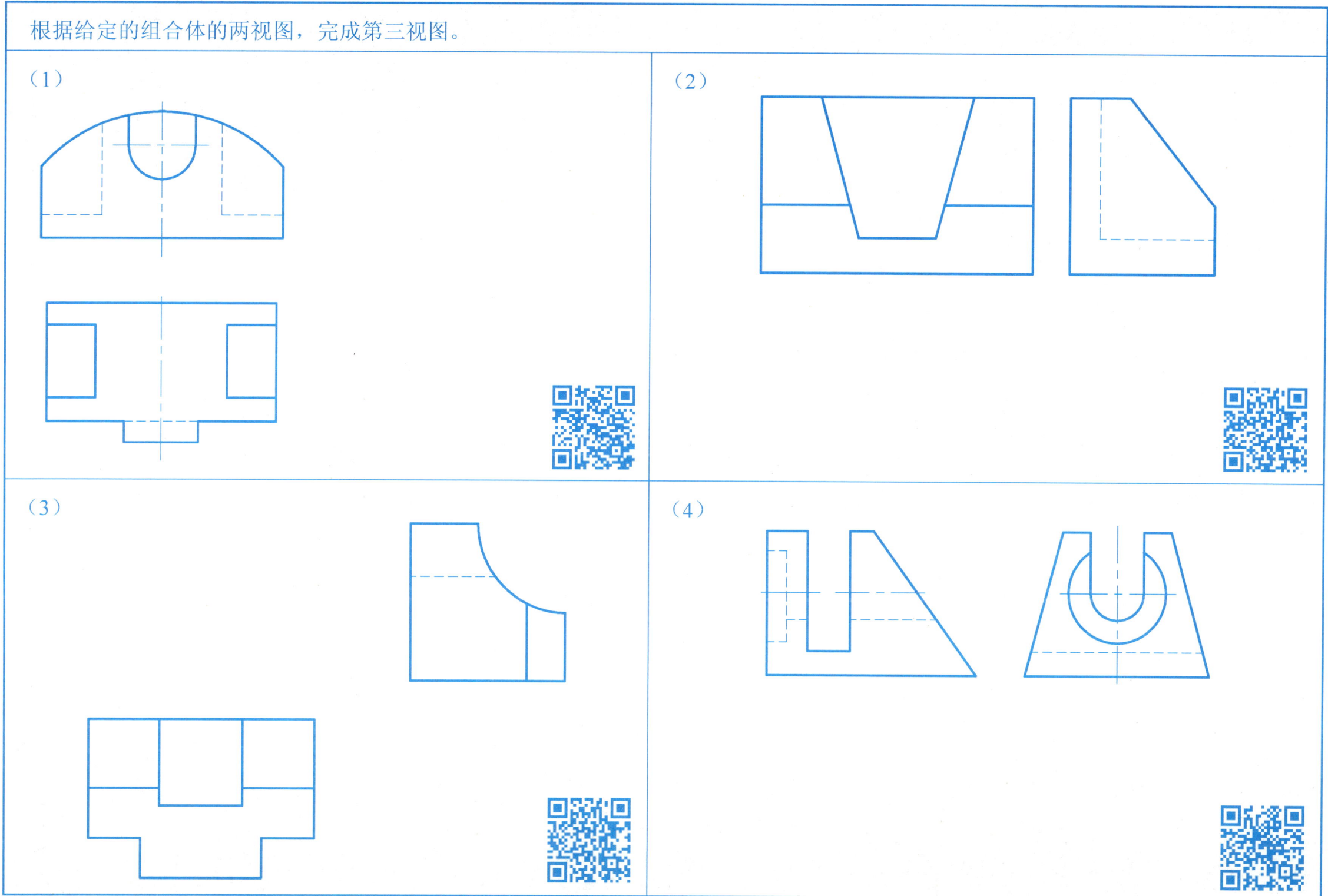

第三章 组合体的构型与视图

班级： 姓名： 学号：

基于基本型体的尺寸标注方法，完成组合体的尺寸标注，尺寸从图中按 1∶1 的比例量取。

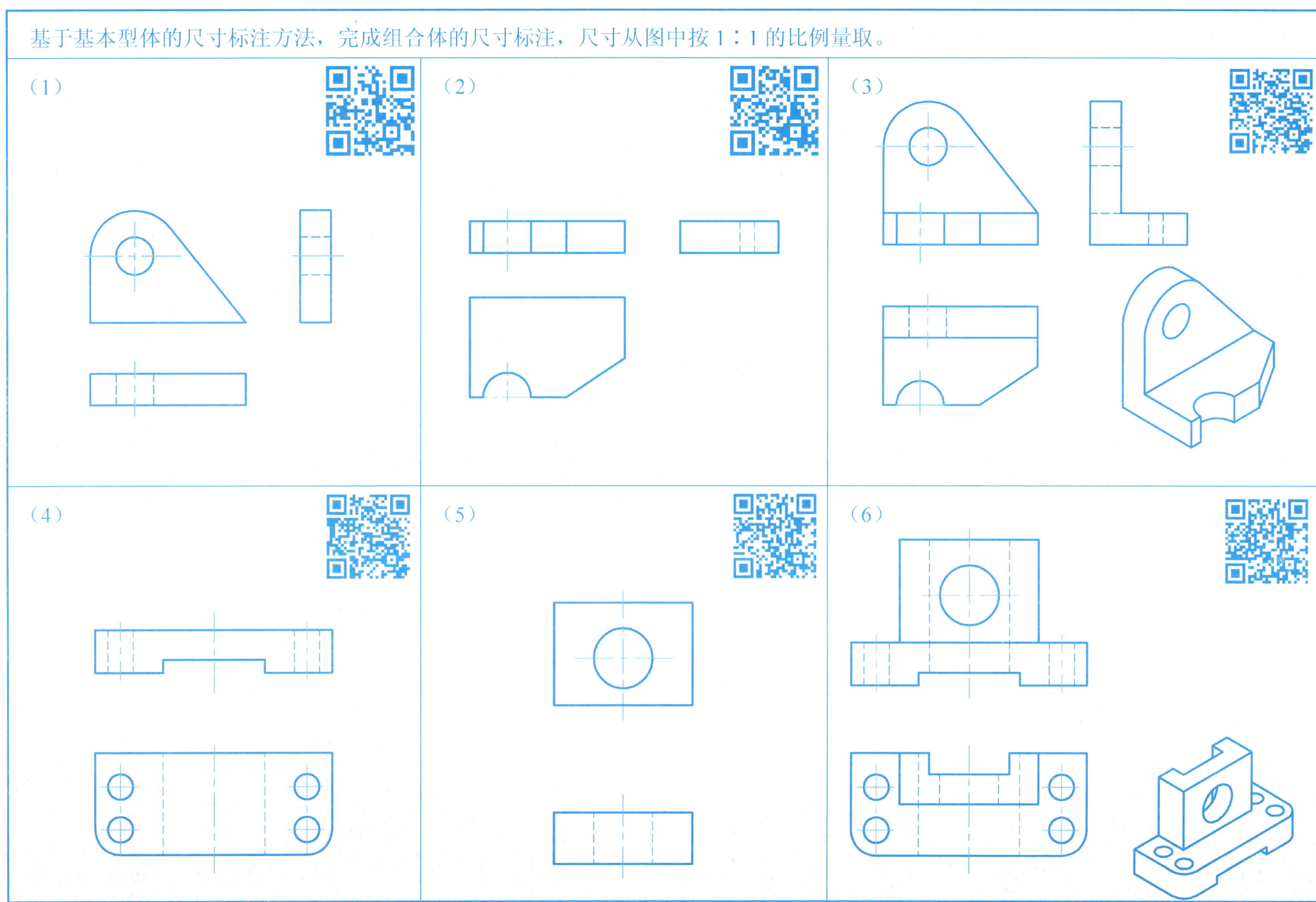

第三章 组合体的构型与视图

1. 分析组合体的构型方式，补充标注漏掉的尺寸。

（1）

（2）

2. 完成组合体尺寸标注。

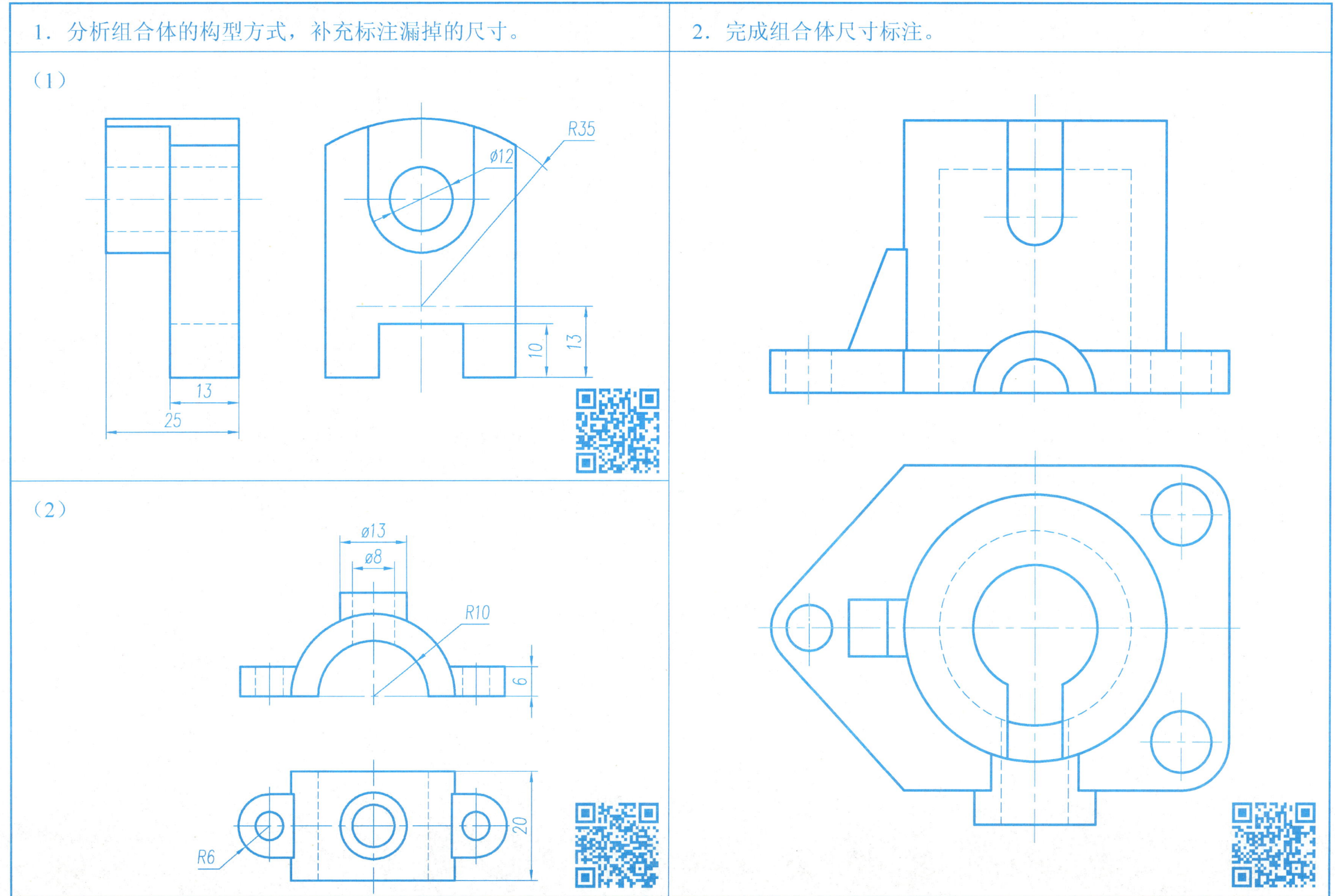

第三章 组合体的构型与视图

班级： 姓名： 学号：

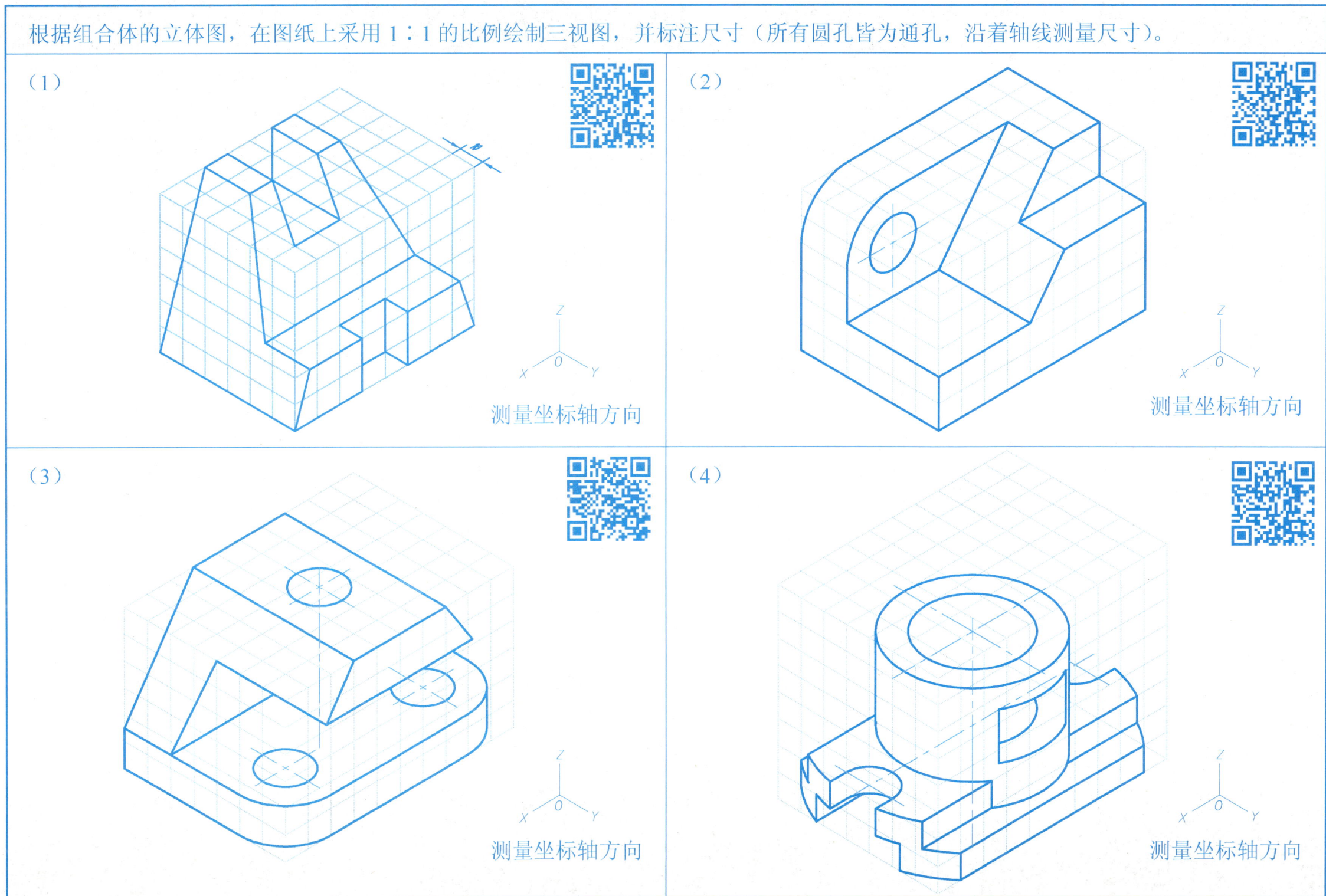

根据组合体的立体图，在图纸上采用 1：1 的比例绘制三视图，并标注尺寸（所有圆孔皆为通孔，沿着轴线测量尺寸）。

（1） 测量坐标轴方向

（2） 测量坐标轴方向

（3） 测量坐标轴方向

（4） 测量坐标轴方向

第三章 组合体的构型与视图

班级： 姓名： 学号：

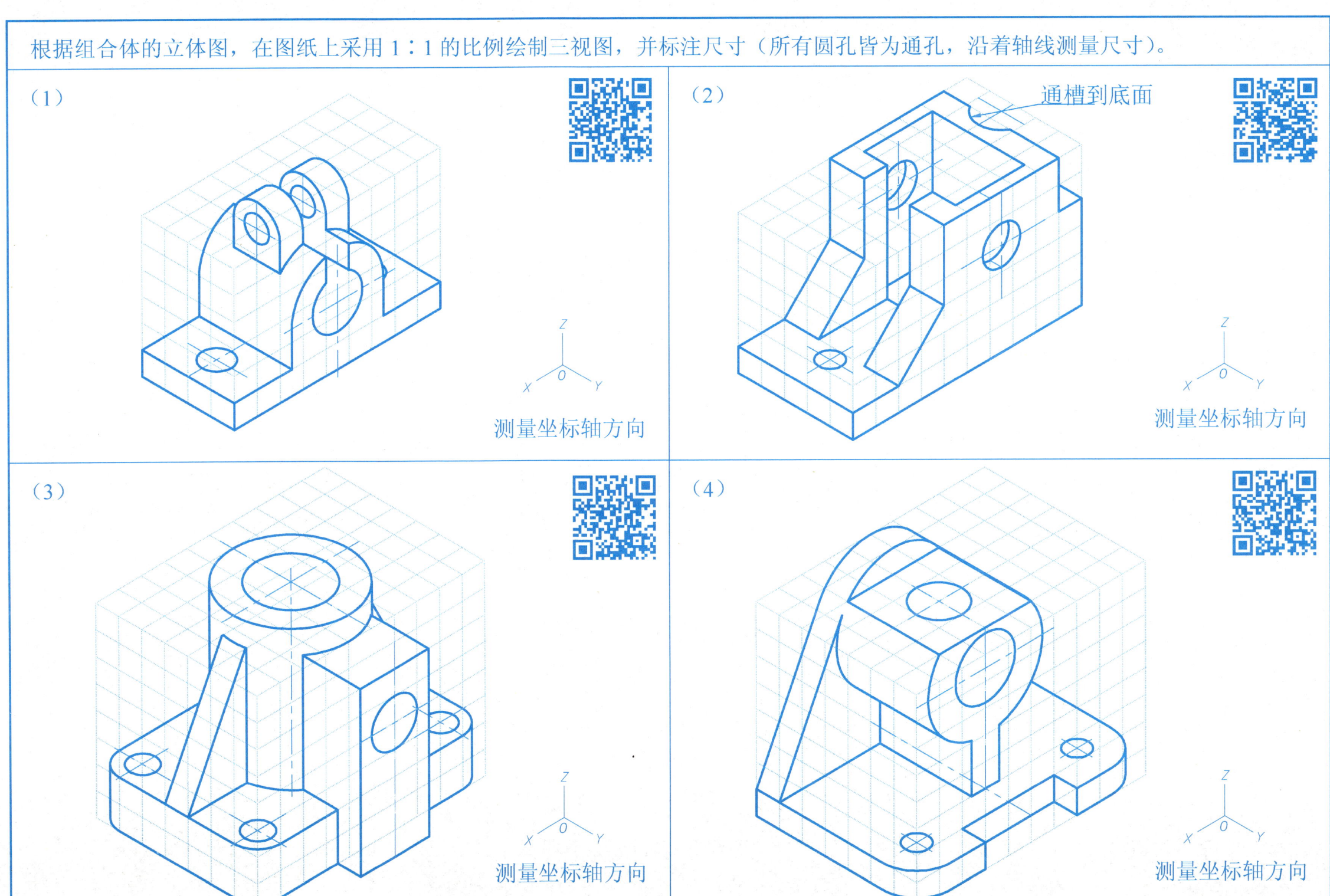

第三章　组合体的构型与视图

1. 根据一个视图，构思不同型体，补绘第二、第三视图。

（1）

（2）

（3）

2. 根据两个视图，构思不同型体，补绘第三视图。

（1）

（2）

（3）

第三章 组合体的构型与视图

1. 下图所示为榫卯结构中头榫的三视图及立体图，请在下图作出与其相匹配的凹凸对偶的另一端的三视图，可利用软件建立三维模型进行验证。

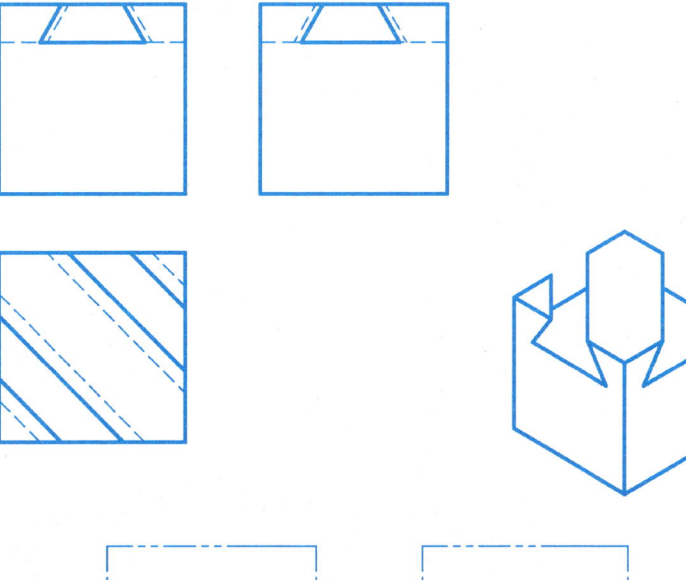

2. 根据三视图想象三维型体，补绘某个视图转位后的其他两个视图，可利用软件建立三维模型进行验证。

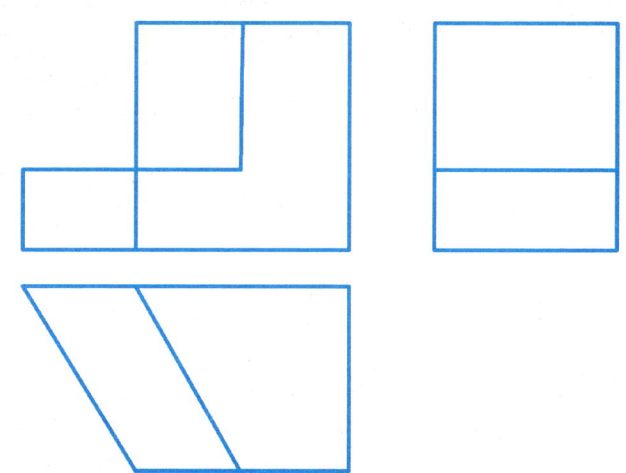

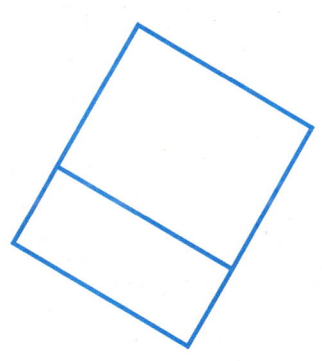

第三章 组合体的构型与视图

构型设计题目：创意多用途瓶起子。

查阅《通用航空活动禁限带物品目录》中关于管制刀具的相关规定，设计一款可带上飞机的多用途瓶起子。

（1）已知条件：

右图为生活中常见的瓶起子范例，尺寸大小可参考，形状可与之不同，或者完全创新。

（2）设计要求：

除了基本功能要求，即打开瓶盖，其他的功能设计（至少要具备2种功能）应具有独特的创意，具备实用性、趣味性和安全性，且便于携带。

（3）设计任务：

创建三维模型，绘制三视图并标注尺寸。

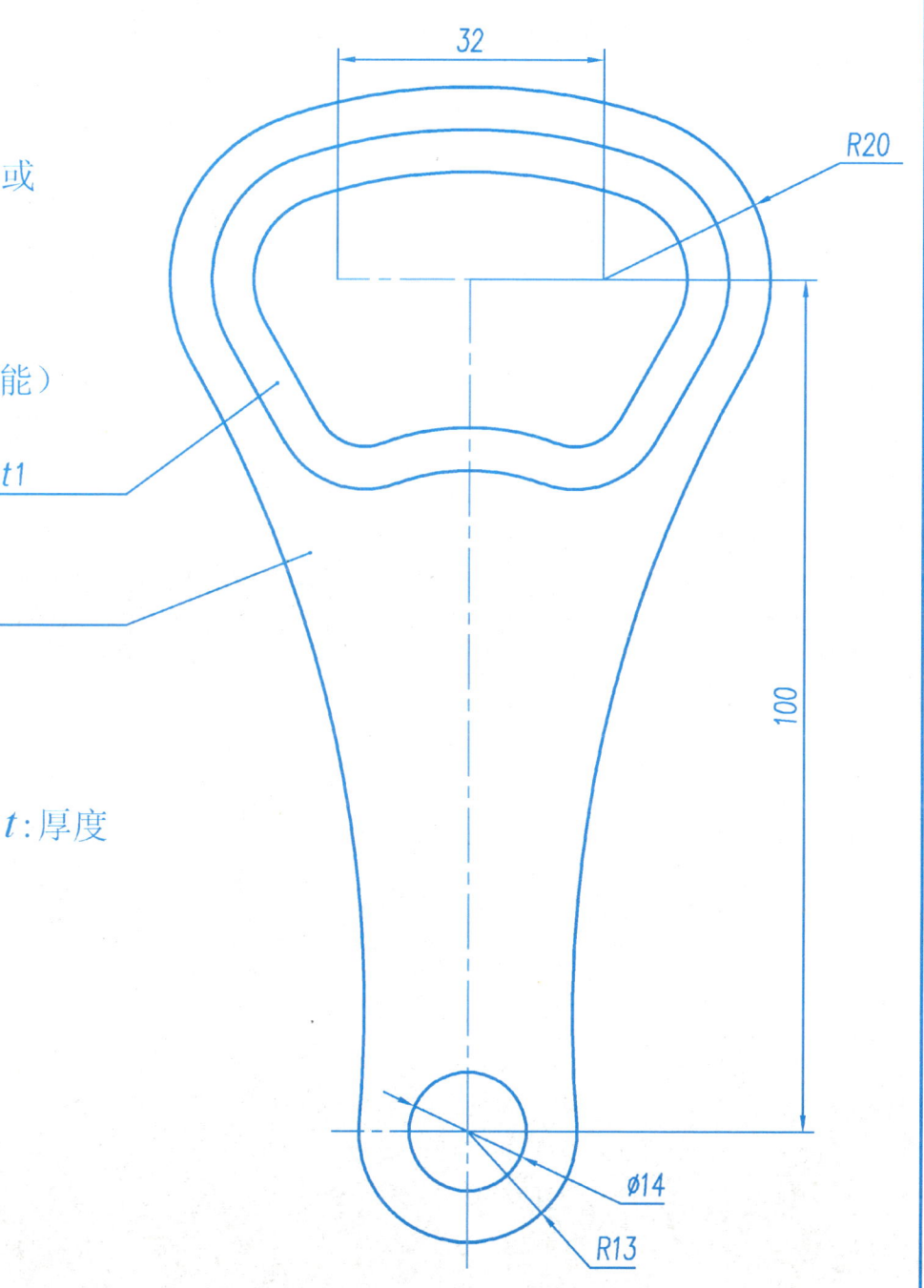

t：厚度

第四章　机件的表达方法

1. 画出 A 向斜视图和 B 向局部视图。

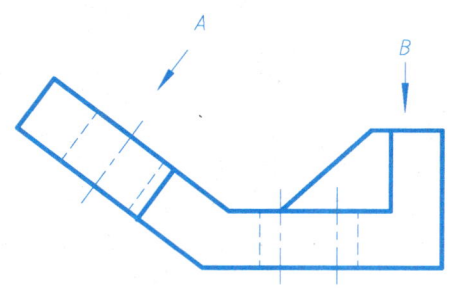
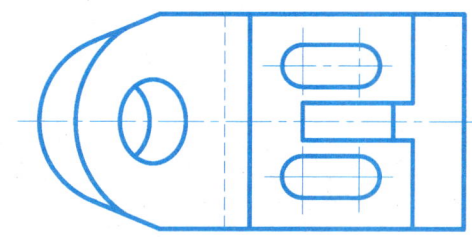

2. 根据主视图的形状补画俯视图、左视图和右视图。

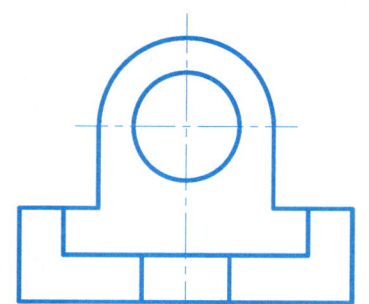

3. 补全剖视图中的漏线。

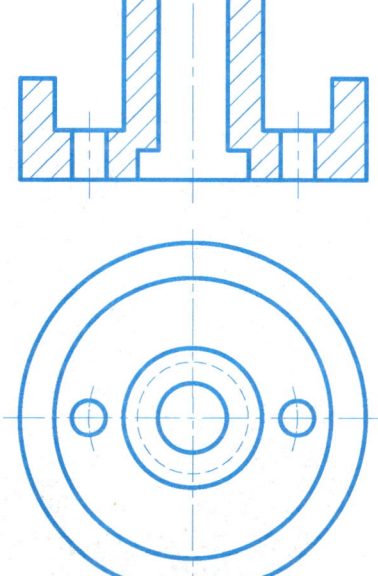

4. 补全剖视图中的漏线。

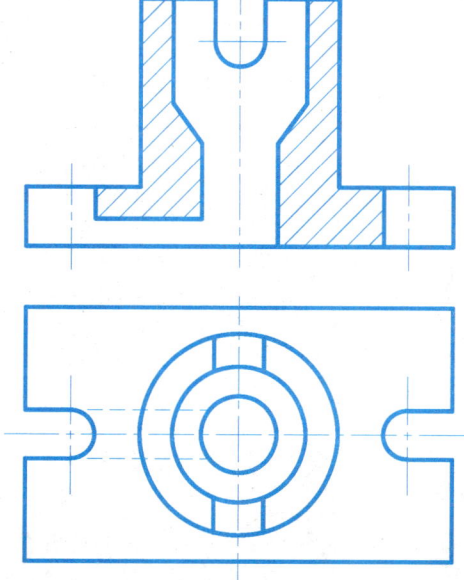

第四章　机件的表达方法

1. 把主视图改画为全剖视图。

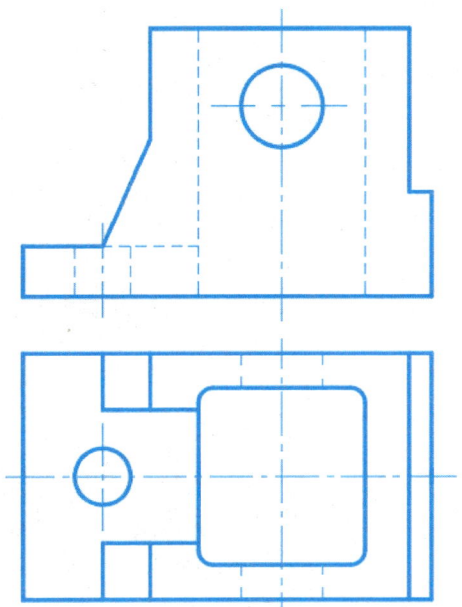

2. 根据主视图和俯视图，画出全剖的左视图。

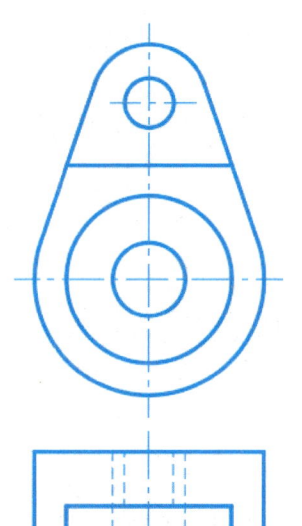

3. 在右边把主视图改画成半剖视图。

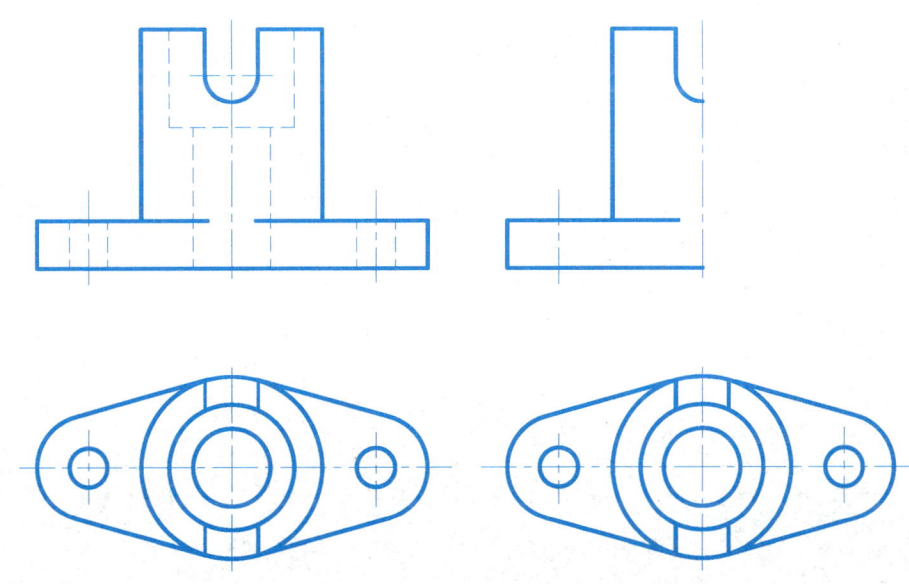

4. 根据主视图和俯视图，画出半剖的左视图。

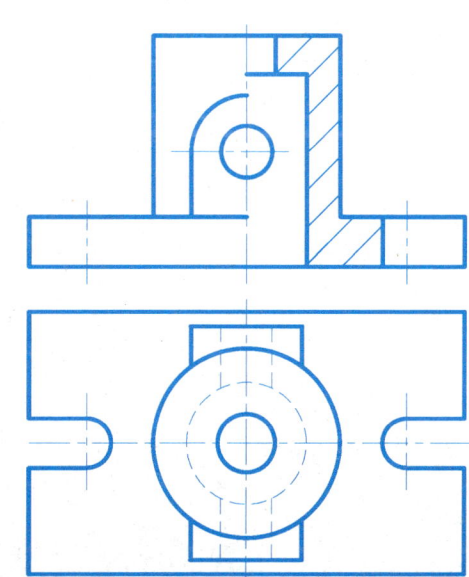

第四章 机件的表达方法

1. 在右侧把主视图和俯视图改画为局部剖视图。

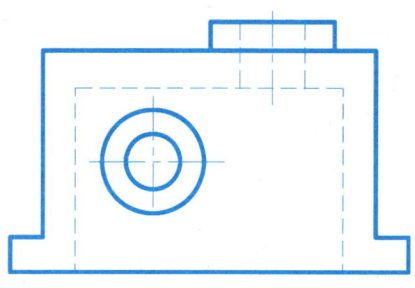
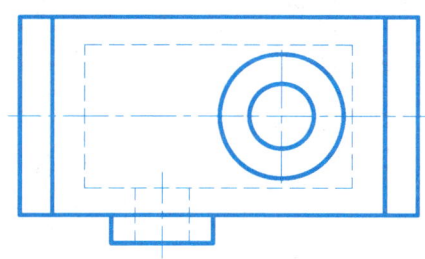

2. 在右侧把主视图和俯视图改画为局部剖视图。

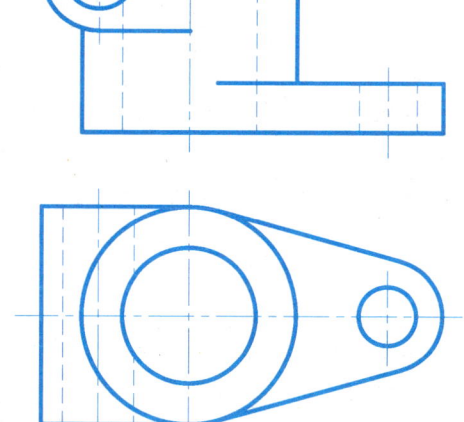

3. 在中间空白处把主视图改画成使用阶梯剖的全剖视图。

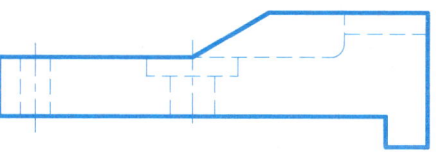
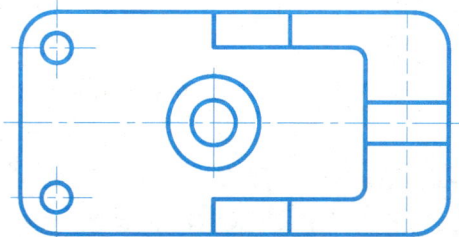

4. 在中间空白处把主视图改画成适当的全剖视图。

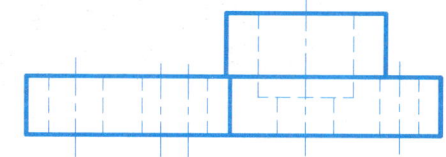
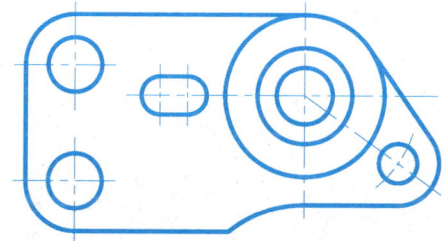

第四章　机件的表达方法

1. 对轴零件使用断面图及局部放大图表达，其中左侧键槽深 5mm，右侧键槽深 5mm（尺寸按照 1∶1 比例在图中量取）。

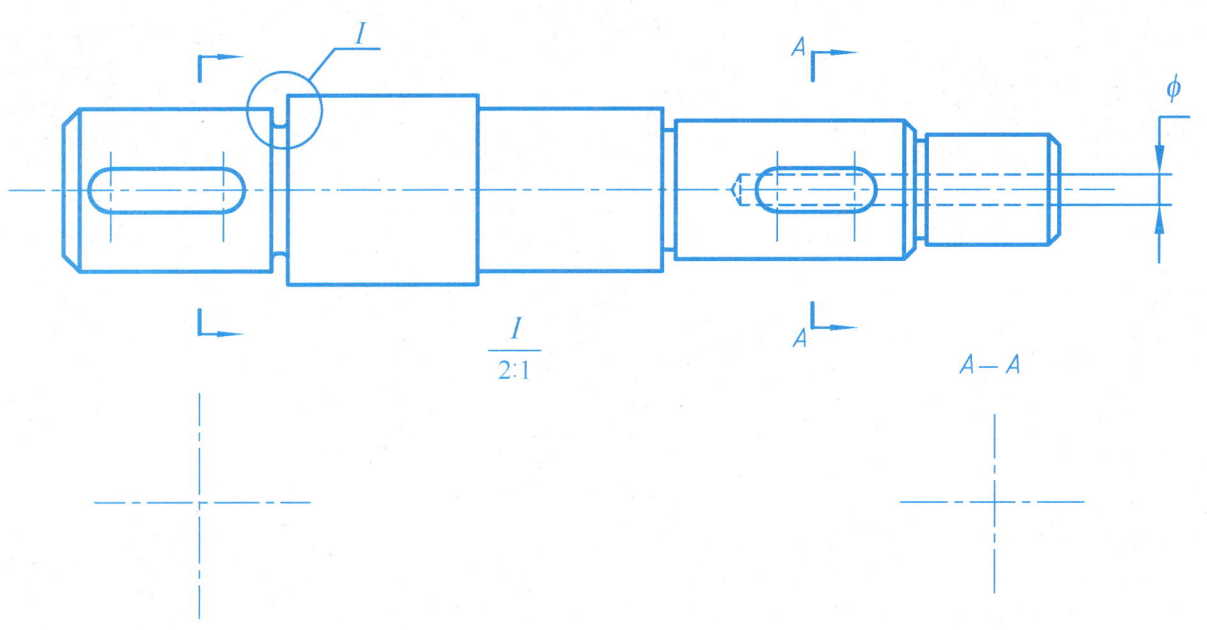

2. 根据零件的主视图和俯视图，在右边空白处先画出零件的左视图，然后画出半剖的主视图及半剖的左视图。

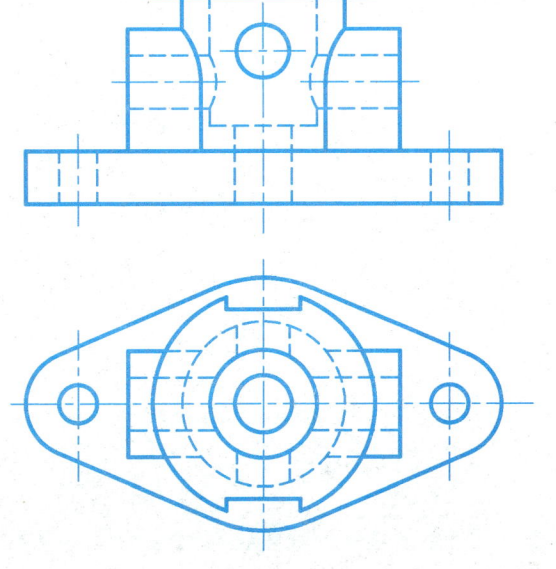
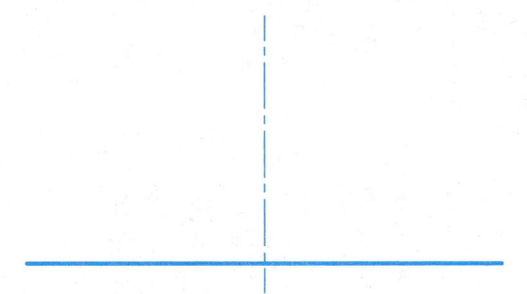

第四章 机件的表达方法

1. 由零件的主视图和俯视图构想其结构形状，选用合适的方案进行表达，在 A3 图纸上采用合适的比例作图，并标注尺寸。

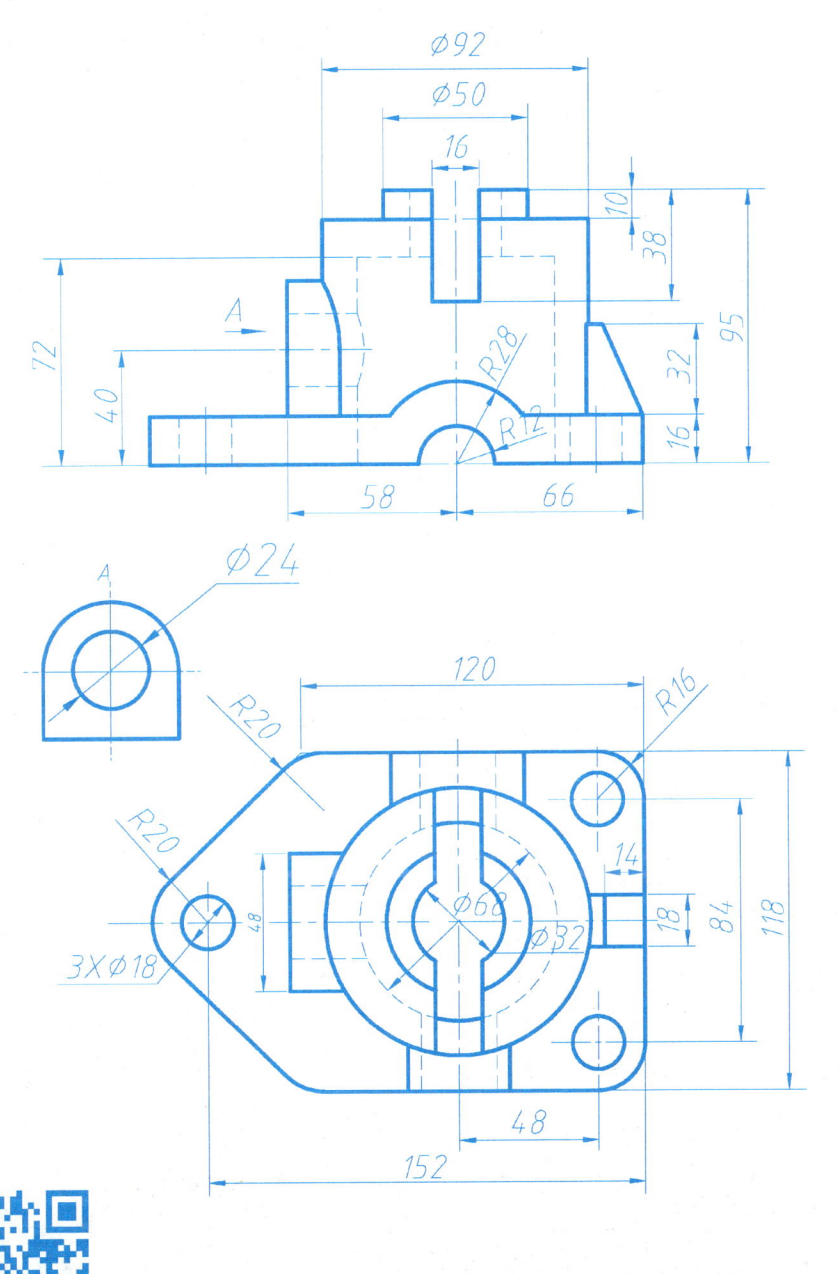

2. 由零件的三视图构想其结构形状，选用合适的方案进行表达，在 A3 图纸上采用合适的比例作图，并标注尺寸。

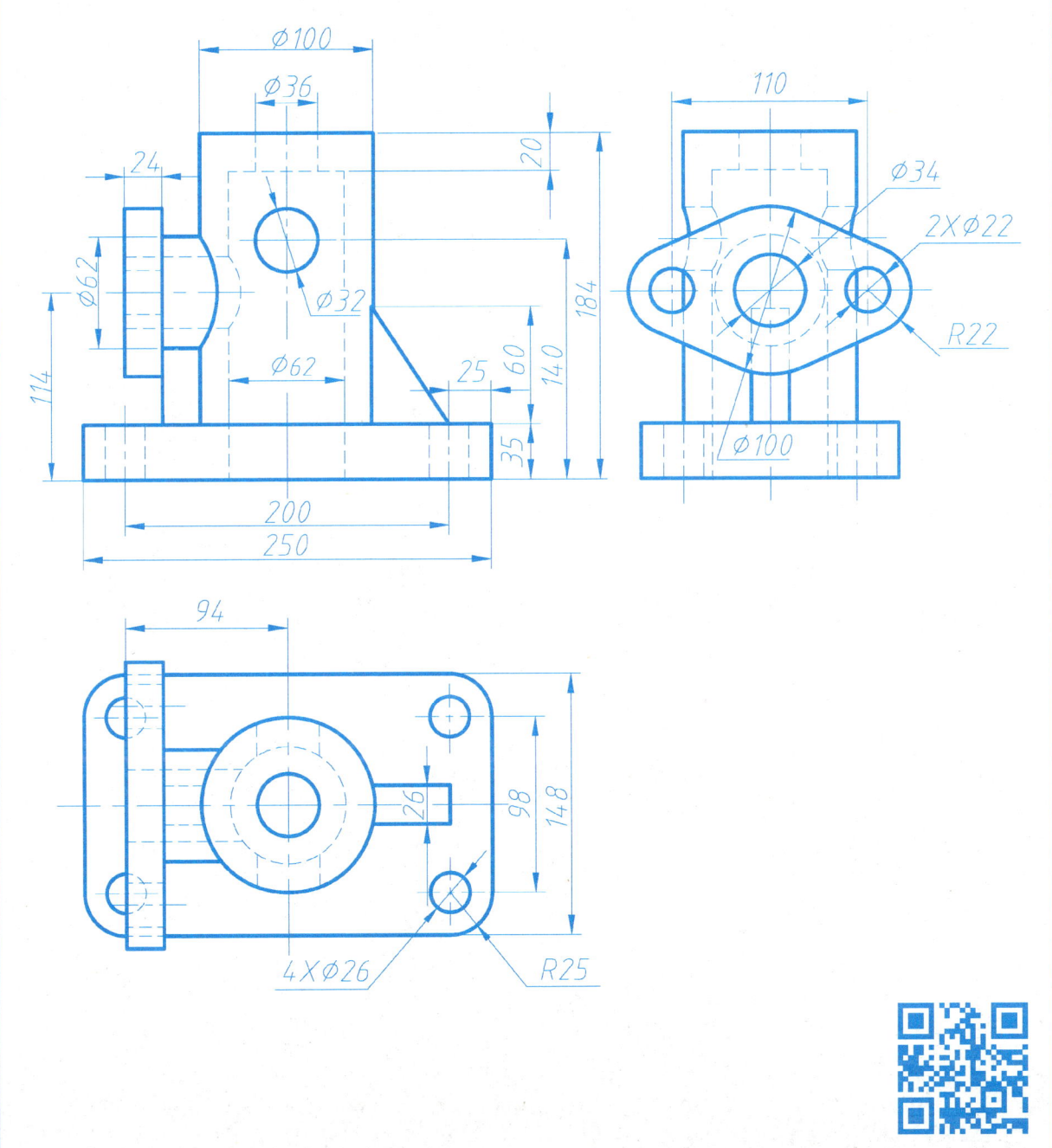

第四章　机件的表达方法

拓展练习：查阅航空器、飞行器、深潜器等当代先进装备中的典型零件，找出两个难度适中的零件，对其采用适当的表达方法进行表达，并标注尺寸。例如，下图所示为飞行器中的零件，查阅资料找到类似零件，选择合适的表达方法进行表达，并标注尺寸。

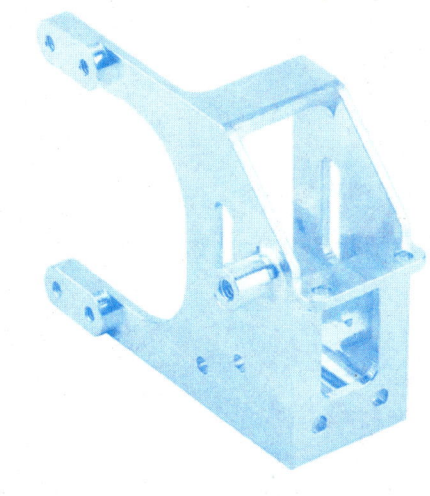

第五章　标准件与常用件　　　　　　　　　　　　　班级：　　　姓名：　　　学号：

1. 左侧外螺纹的画法有误，请将正确的画在右侧图中。

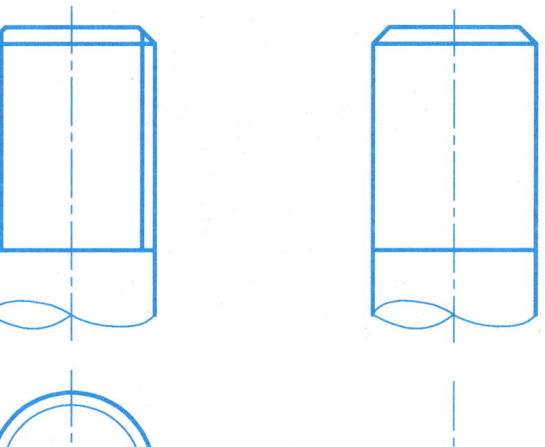
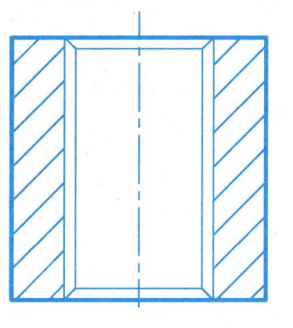
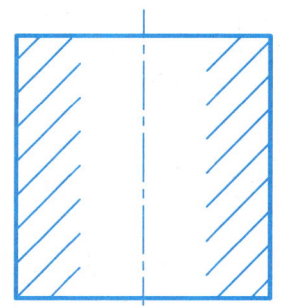

2. 左侧内螺纹的画法有误，请将正确的画在右侧图中。

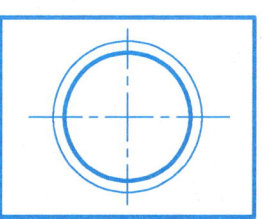
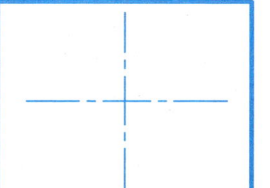

3. 左侧内、外螺纹旋合画法有误，请将正确的画在右侧图中。

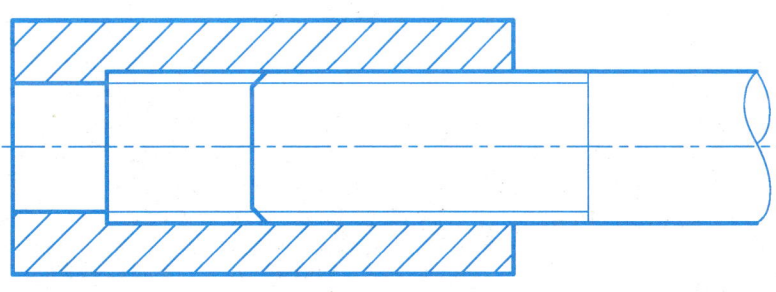
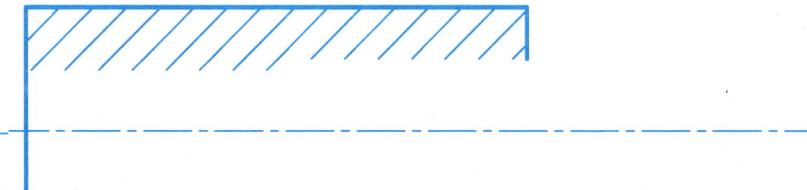

第五章　标准件与常用件

1. 标注该普通螺纹：粗牙，公称直径为 30mm，右旋，公差带代号为 6g7g。

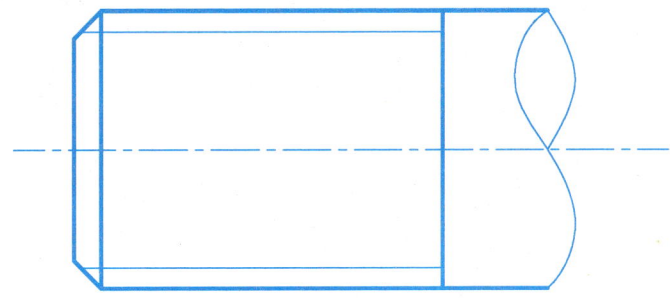

2. 标注该细牙普通螺纹：公称直径为 20mm，螺距为 2mm，左旋，公差带代号为 6H，长旋合长度。

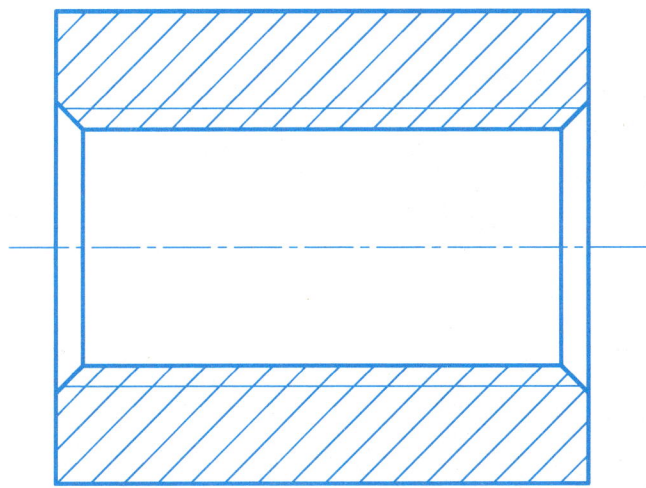

3. 标注该梯形螺纹：公称直径为 20mm，螺距为 4mm，双线。

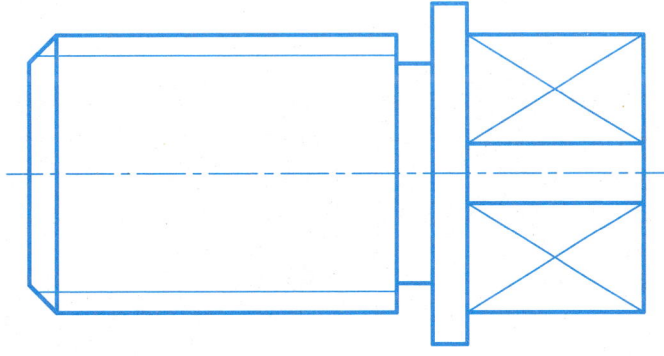

4. 标注该管螺纹：尺寸代号为 1/2，右旋。

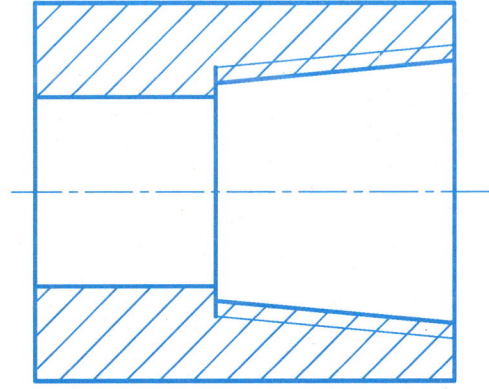

第五章 标准件与常用件

1. 根据下列图中的螺纹标记，填空说明螺纹的各要素。

该螺纹为_____螺纹；

公称直径为_____mm；

螺距为_____mm；

线数为_____线；

旋向为_____旋。

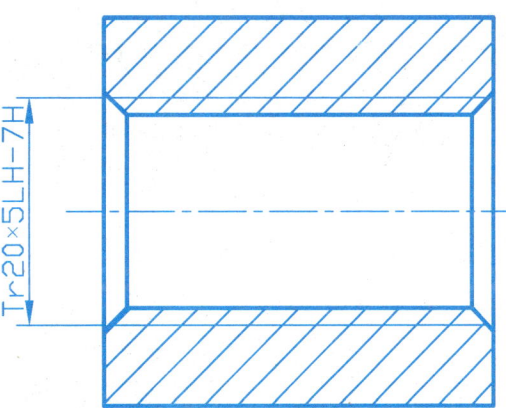

该螺纹为_____螺纹；

公称直径为_____mm；

螺距为_____mm；

线数为_____线；

旋向为_____旋。

2. 完成内、外螺纹连接后的剖视图，其中内、外螺纹的公称直径均为 30mm，长度均为 40mm，倒角均为 C2，内螺纹钻孔深度为 45mm，内、外螺纹旋合长度为 30mm。

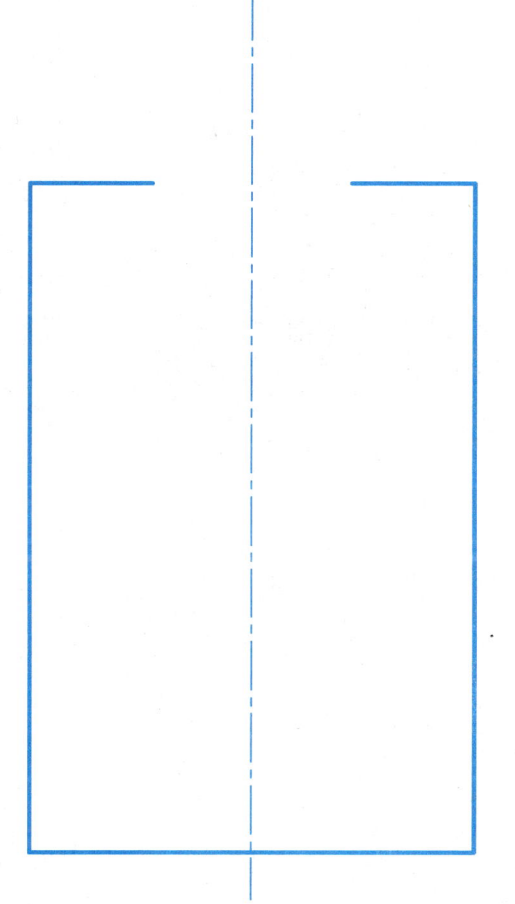

第五章　标准件与常用件

1. 下图螺栓连接中的图线不全，按照螺栓连接的规定画法补全所缺的图线。

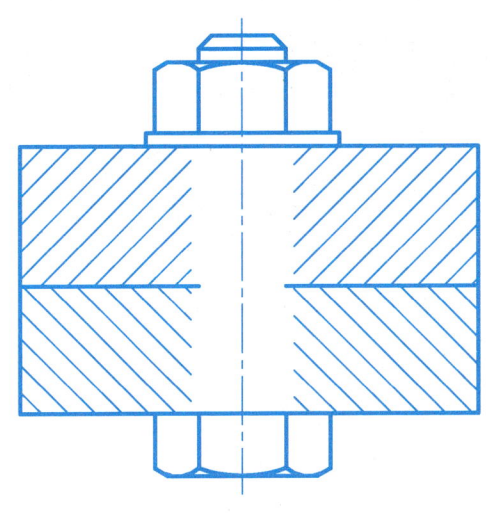
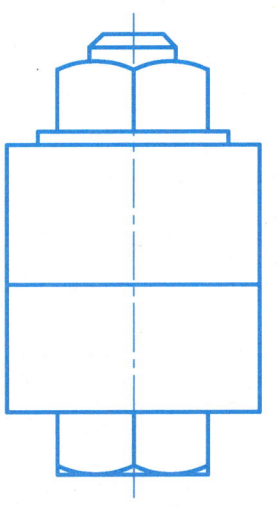
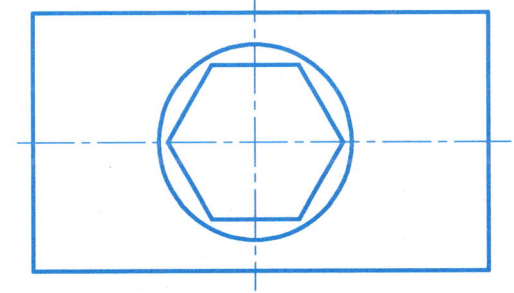

2. 下图螺钉连接中的图线不全，按照螺钉连接的规定画法补全所缺的图线。

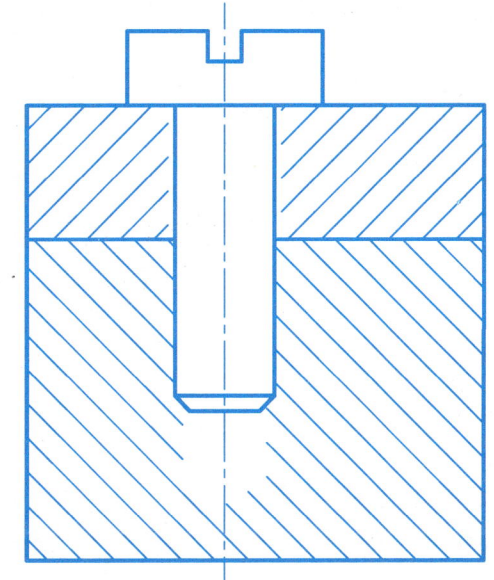
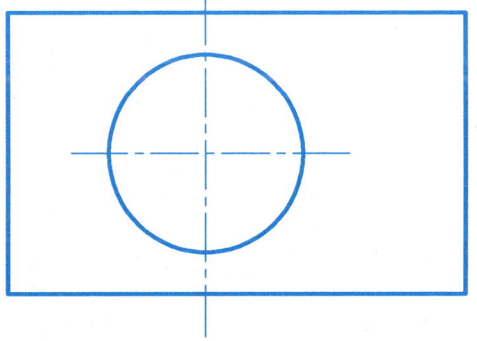

第五章 标准件与常用件

1. 下图双头螺柱连接中的图线不全，按照双头螺柱连接的规定画法补全所缺的图线（按照简化画法画）。

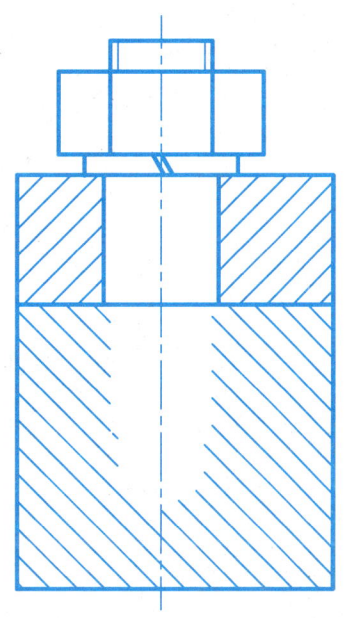

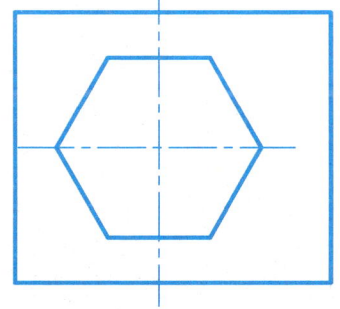

2. 用 A 型普通平键将轴和齿轮连接起来，图中给出了轴和齿轮上键槽的尺寸，按照尺寸完成键连接图。

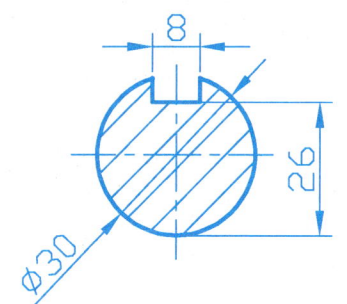 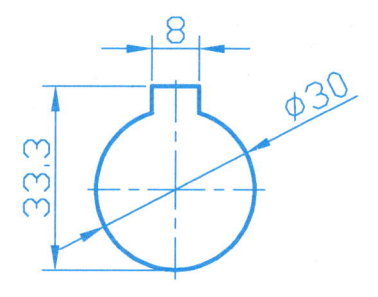

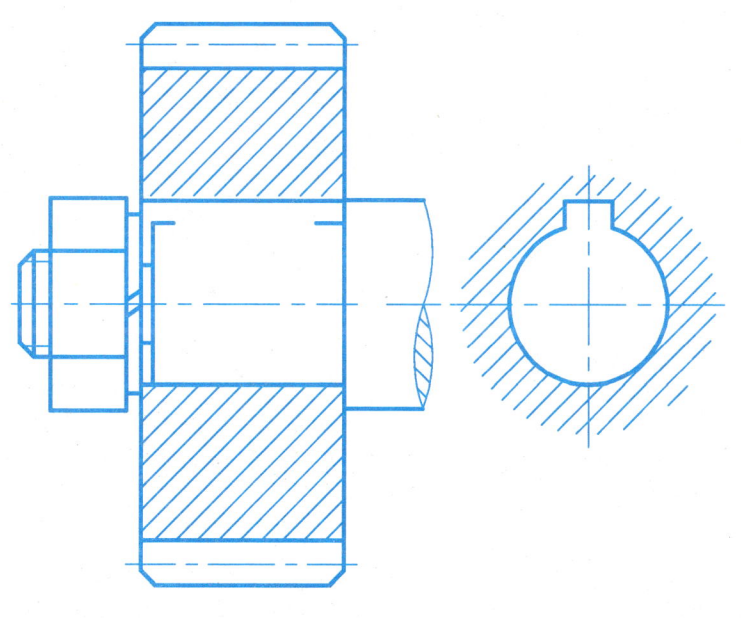

第六章 零件图

1. 选择题。

(1) 选择投影方向时,应该使主视图(　　)。

A. 最能反映零件特征　B. 最容易绘制

(2) 一个零件图里视图的数目(　　)。

A. 一般选三个视图,尽可能表达内部和外部结构

B. 应在完整清晰地表达零件内部和外部结构的前提下,选最少的视图

(3) (　　)是制造和检验零件的依据。

A. 零件图　B. 装配图　C. 轴测图　D. 三视图

(4) 相同一批零件,在装配时无须经过挑选和修配便可装到机器上去,并能满足机器性能的要求,零件的这种性质称为(　　)。

A. 互换性　B. 标准性　C. 可分性　D. 可维修性

2. 判断题。

(1) 凡是零件上有配合要求或有相对运动的表面,其表面粗糙度参数值就要大。(　　)

(2) 零件上的重要尺寸必须直接注出。(　　)

(3) 铸件的内、外壁沿起模方向应有一定的斜度。(　　)

(4) 表面结构代号在图样上标注时,符号从材料内指向并接触表面。(　　)

3. 下列结构和尺寸标注哪些合理(✓)、哪些不合理(×)?

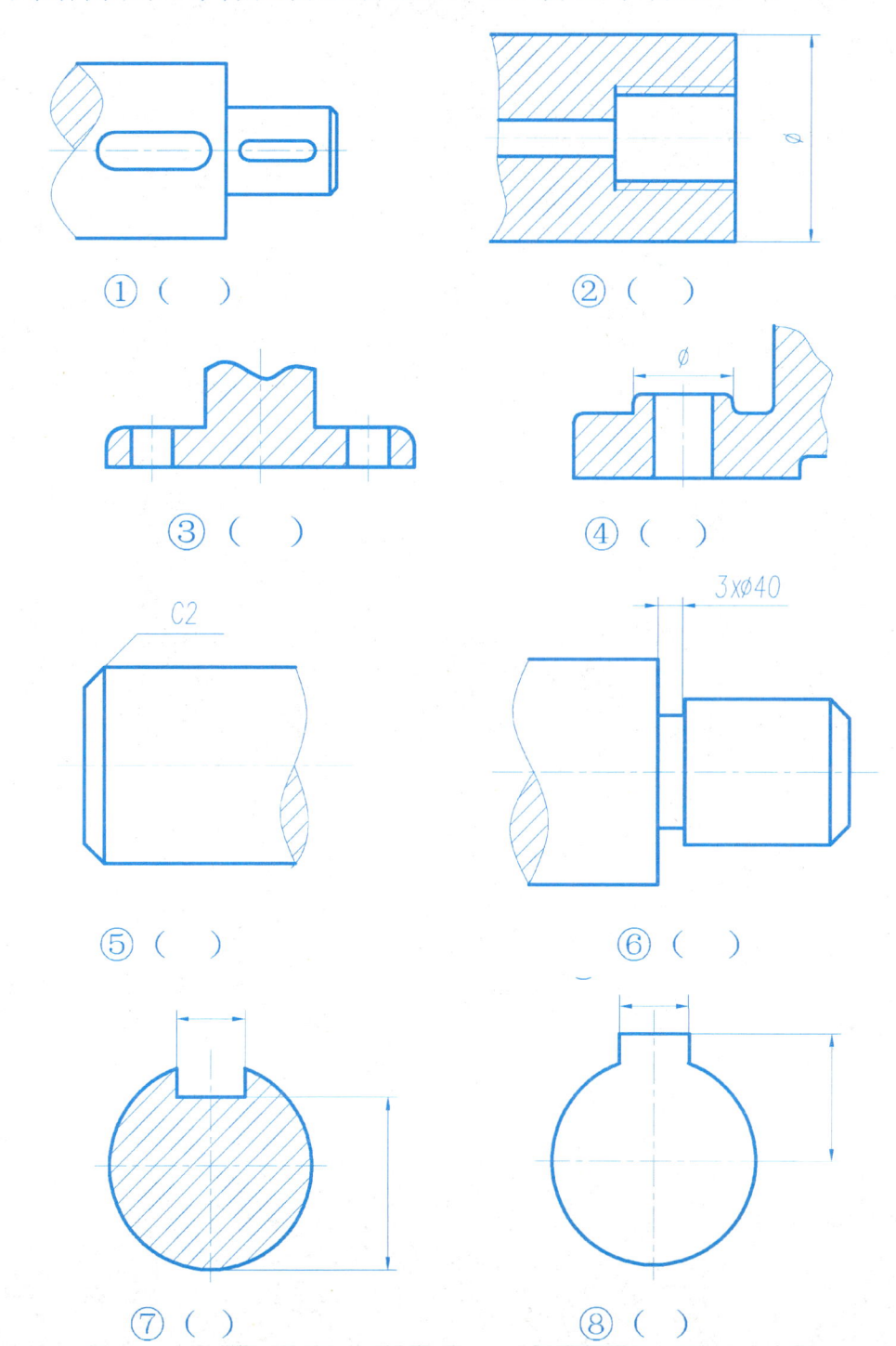

① (　) ② (　)

③ (　) ④ (　)

⑤ (　) ⑥ (　)

⑦ (　) ⑧ (　)

第六章 零件图

1. 改正①图中表面粗糙度标注的错误，将正确的标注标在②中。

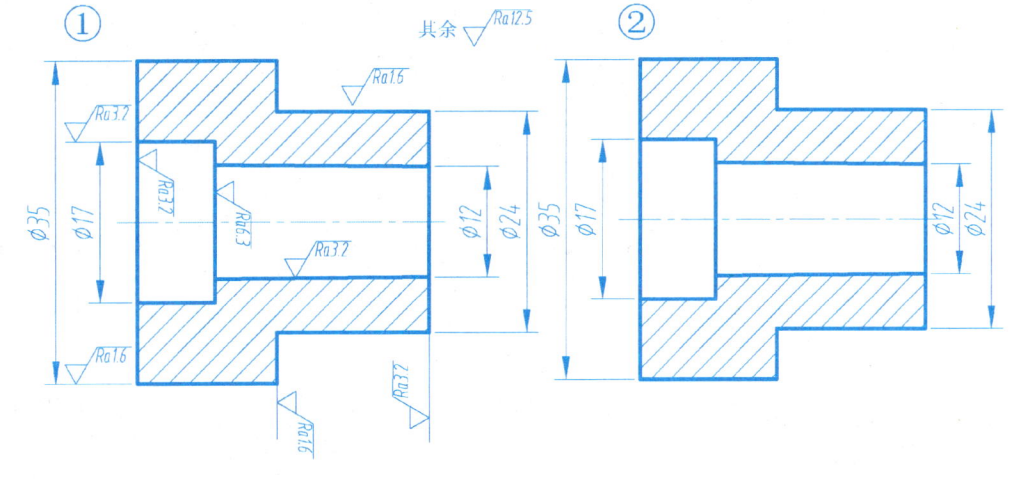

2. 标注各切削表面的粗糙度要求。

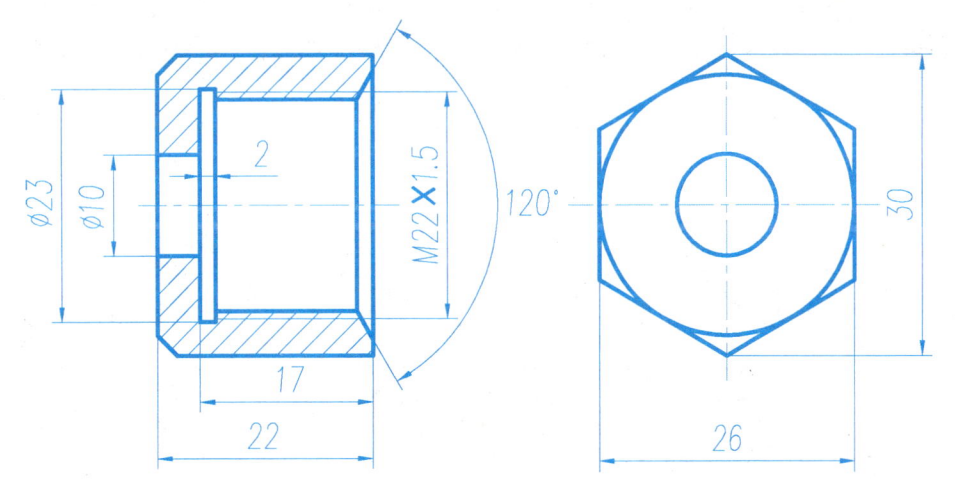

表面	左、右端面	φ10 内孔	120°锥面	内螺纹	其余
Ra/μm	3.2	1.6	6.3	3.2	12.5

3. 根据表中所给定的表面粗糙度值，在视图中标注。

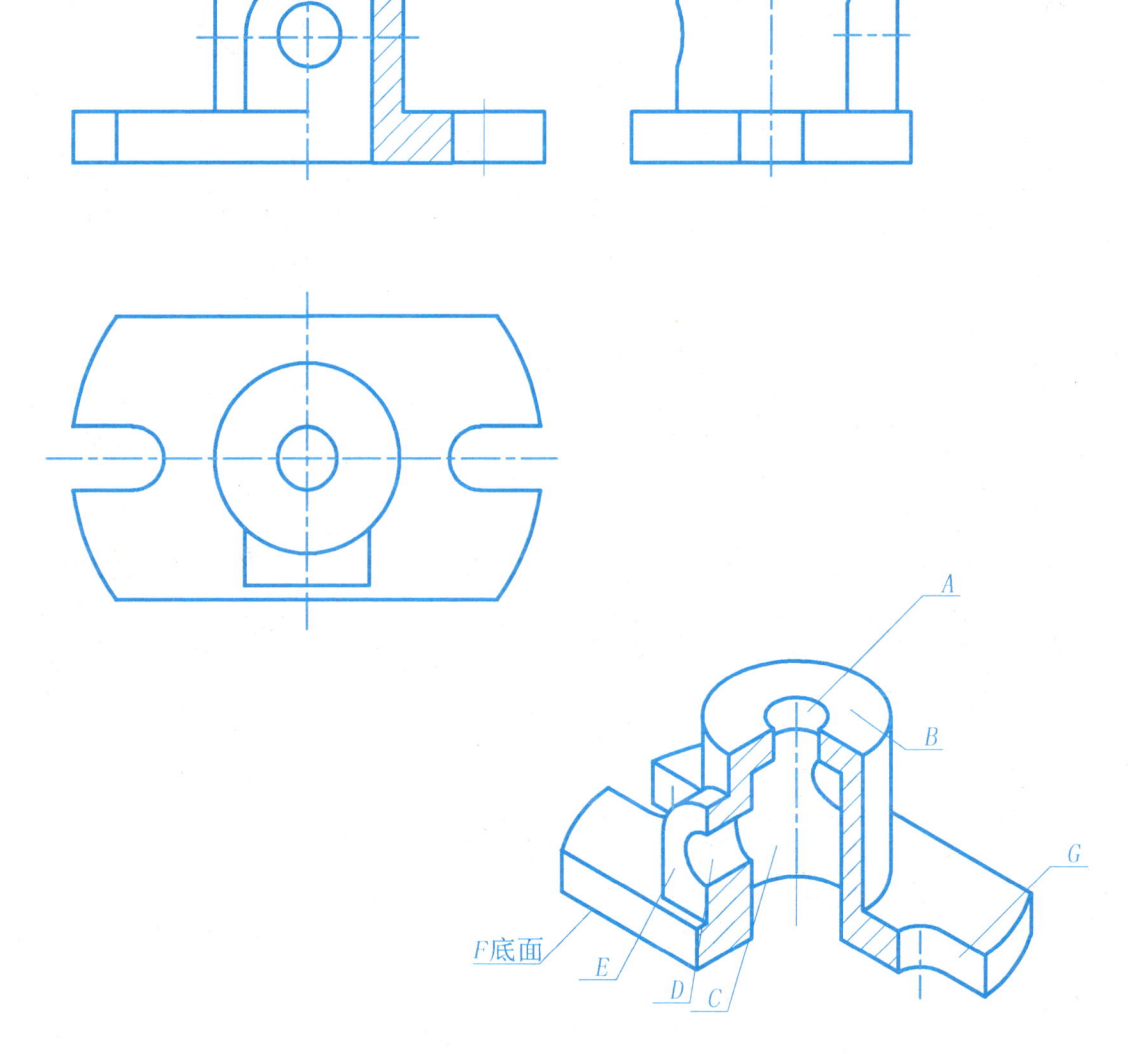

表面	A、D	B、F	C、G	E	其余
Ra/μm	1.6	6.3	3.2	12.5	未去除材料

第六章 零件图

1. 根据图①，查阅教材附录，找到各零件图上的轴和孔的极限偏差，并绘制公差带图。

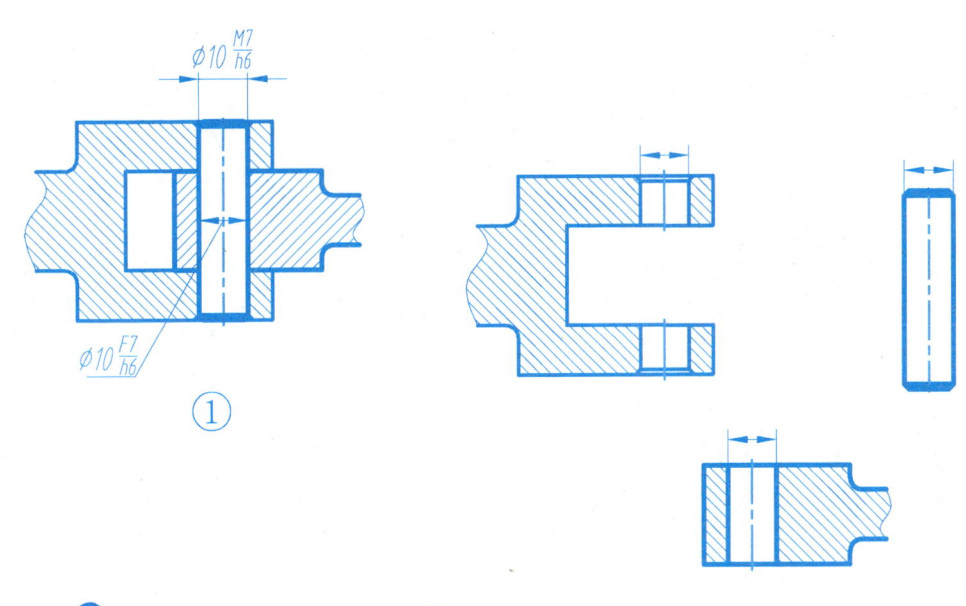

①

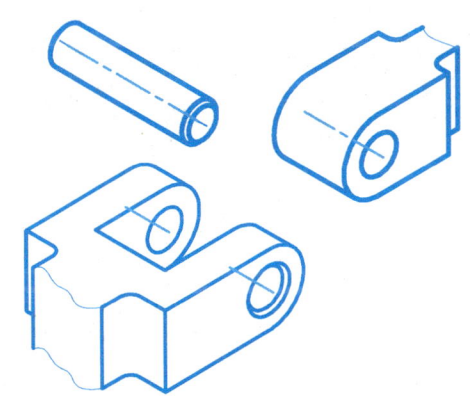

$\phi 10 \dfrac{M7}{h6}$ 为（　　　）配合，其公差带图：

$\phi 10 \dfrac{F7}{h6}$ 为（　　　）配合，其公差带图：

2. 识读图中的形位公差标注，按要求填空。

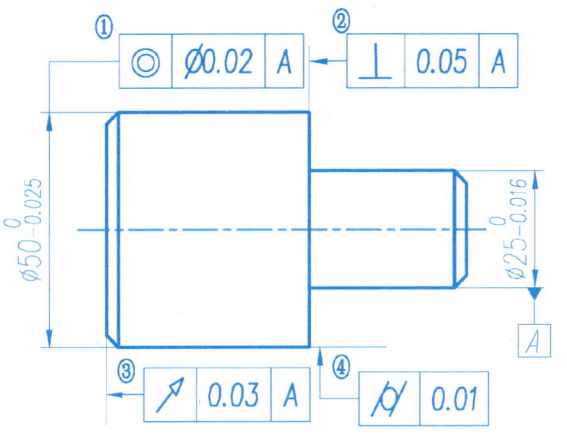

①被测要素（　　）；基准要素（　　）；公差项目（　　）；公差数值（　　）。

②被测要素（　　）；基准要素（　　）；公差项目（　　）；公差数值（　　）。

③被测要素（　　）；基准要素（　　）；公差项目（　　）；公差数值（　　）。

④被测要素（　　）；基准要素（　　）；公差项目（　　）；公差数值（　　）。

3. 将文字说明的形位公差要求，用公差框格形式在图上标出。

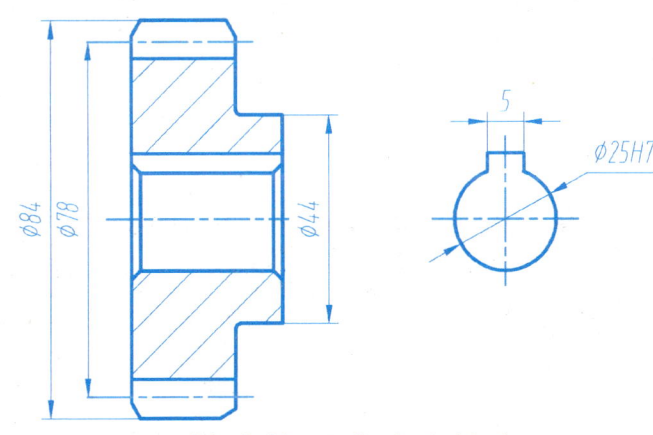

（1）$\phi 84$ 圆柱面对 $\phi 25H7$ 孔轴线的圆跳动公差为 0.04；

（2）$\phi 44$ 圆柱端面对 $\phi 25H7$ 孔轴线的圆跳动公差为 0.02；

（3）键槽两侧面的对称中心平面对 $\phi 25H7$ 孔轴线的对称度公差为 0.012。

第六章 零件图

在 A3 图纸上画出顶尖的零件图，键槽尺寸通过查表确定。

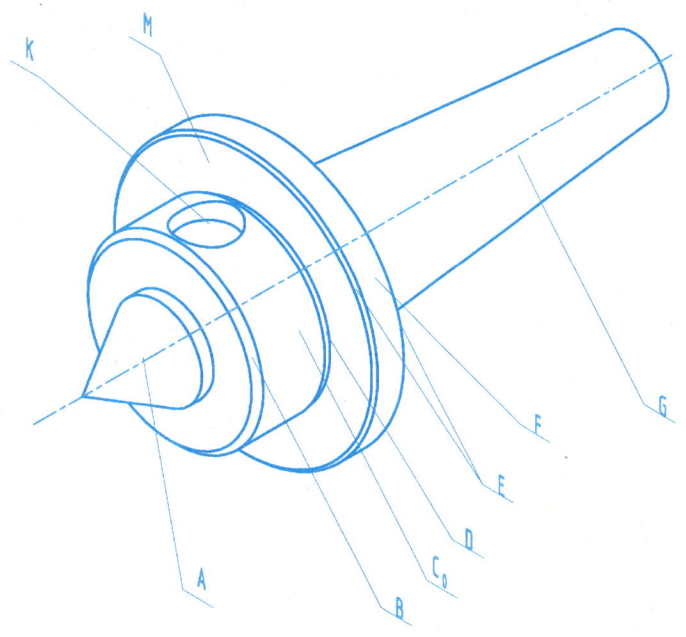
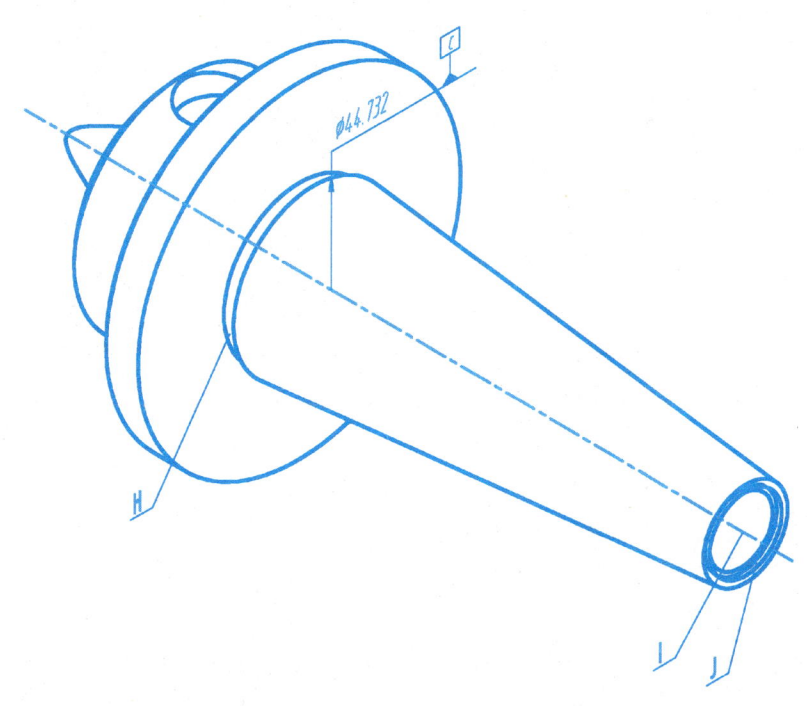

表面	尺寸	Ra/μm	公差、配合
A	$\phi30, 60°$	0.8	
倒角 B、J	C2		
C_0	$\phi60×25$	16	js6
退刀槽 D	2×1		
倒角 E	C1		
F	$\phi90×10$		
G	长121，莫式锥度 $5^\#$(1:19.002)	16	
退刀槽 H	4×1		
I	M20↓40、孔↓50	32	6H
键槽 K	长50，其他查表		
端面 M		16	轴向圆跳动公差 0.025、基准 C
总长	190		

技术要求
1. 顶尖头部渗碳淬火，硬度为 40～45HRC。
2. 未注倒角为 C1。
3. 未注尺寸公差按 GB／T 1804—2000。
4. 未注几何公差按 GB／T 1184—2018。

| 名称 | 顶尖 | 比例 | 自定 | 材料 | 40Cr | 数量 | 1 |

第六章 零件图

在 A3 图纸上画出轴的零件图，键槽尺寸通过查表确定，注意退刀槽、倒角、键槽的尺寸标注。

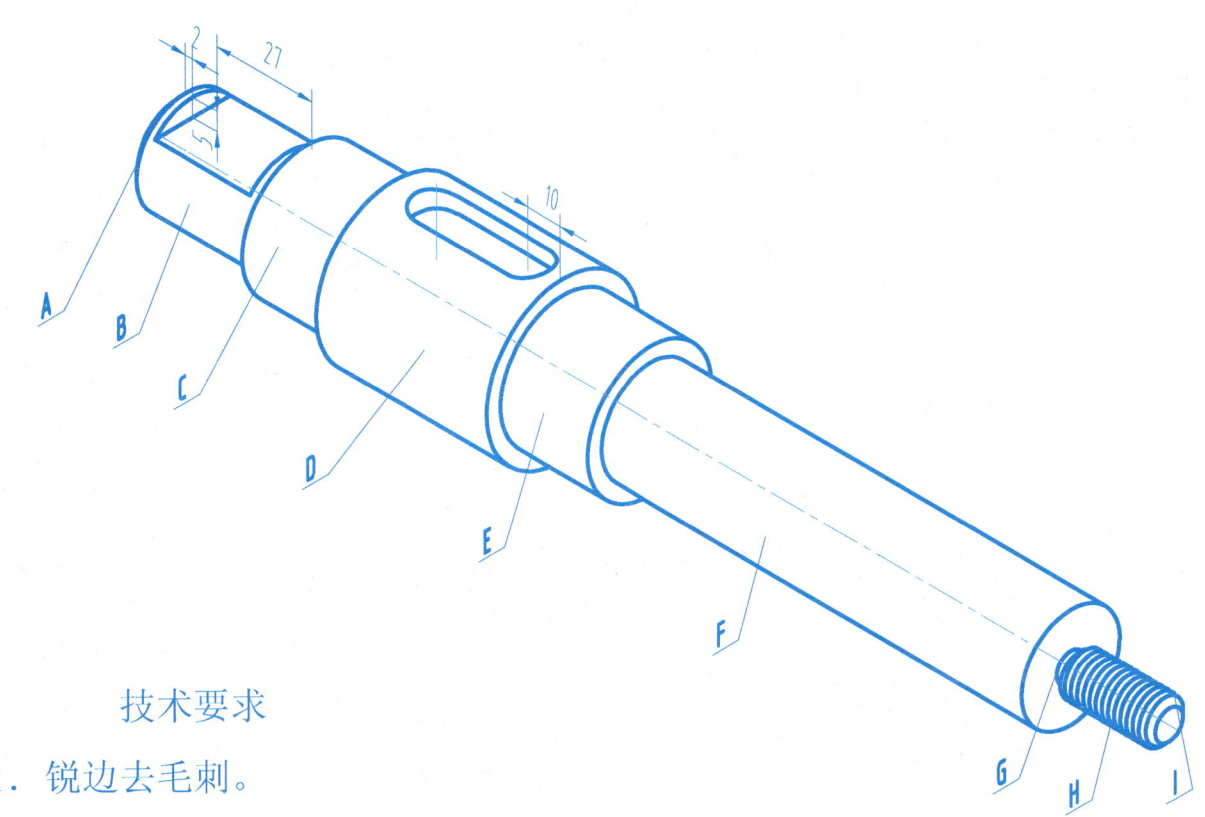

技术要求

1. 锐边去毛刺。
2. 调质处理：200～240HBW。

表面	尺寸	Ra/μm	公差、配合
倒角 A、I	C2	12.5	
B	φ28×34	3.2	
C	φ36×25	1.6	h6
D	φ44×48	1.6	k7
E	φ36×25	1.6	h6
F	φ28×120	3.2	
退刀槽 G	3×2		
H	M12 长 12	3.2	

名称	轴	比例	自定	材料	45	数量	1

第六章 零件图

在 A3 图纸上画出端盖的零件图。

技术要求
1. 铸件不得有气孔、裂纹及砂眼等缺陷。
2. 未注倒角为 C1。
3. 未注圆角为 R3～R5。
4. 未注尺寸公差按 GB/T 1840—2000。
5. 未注几何公差按 GB/T 1184—2018。

基准 B:中心轴线

表面	尺寸	Ra/μm	公差、配合
A	4×φ9		
倒角 B_1、N	C1		
C（含 B_1）	φ75×4	3.2	φ75 上、下偏差：−0.040、−0120
退刀槽 D	3×0.5		
E		3.2	轴向圆跳动公差 0.030、基准 B
F	□115×15	铸造面	
G		铸造面	
H	φ60	铸造面	
I		3.2	轴向圆跳动公差 0.030、基准 B
J	φ30		
K（含 N）	φ25×10	3.2	φ25 上、下偏差：+0.025、0
L	φ4		
M	φ10×12	6.3	φ10 上、下偏差：+0.030、0
O	4×φ4		
总长	58		

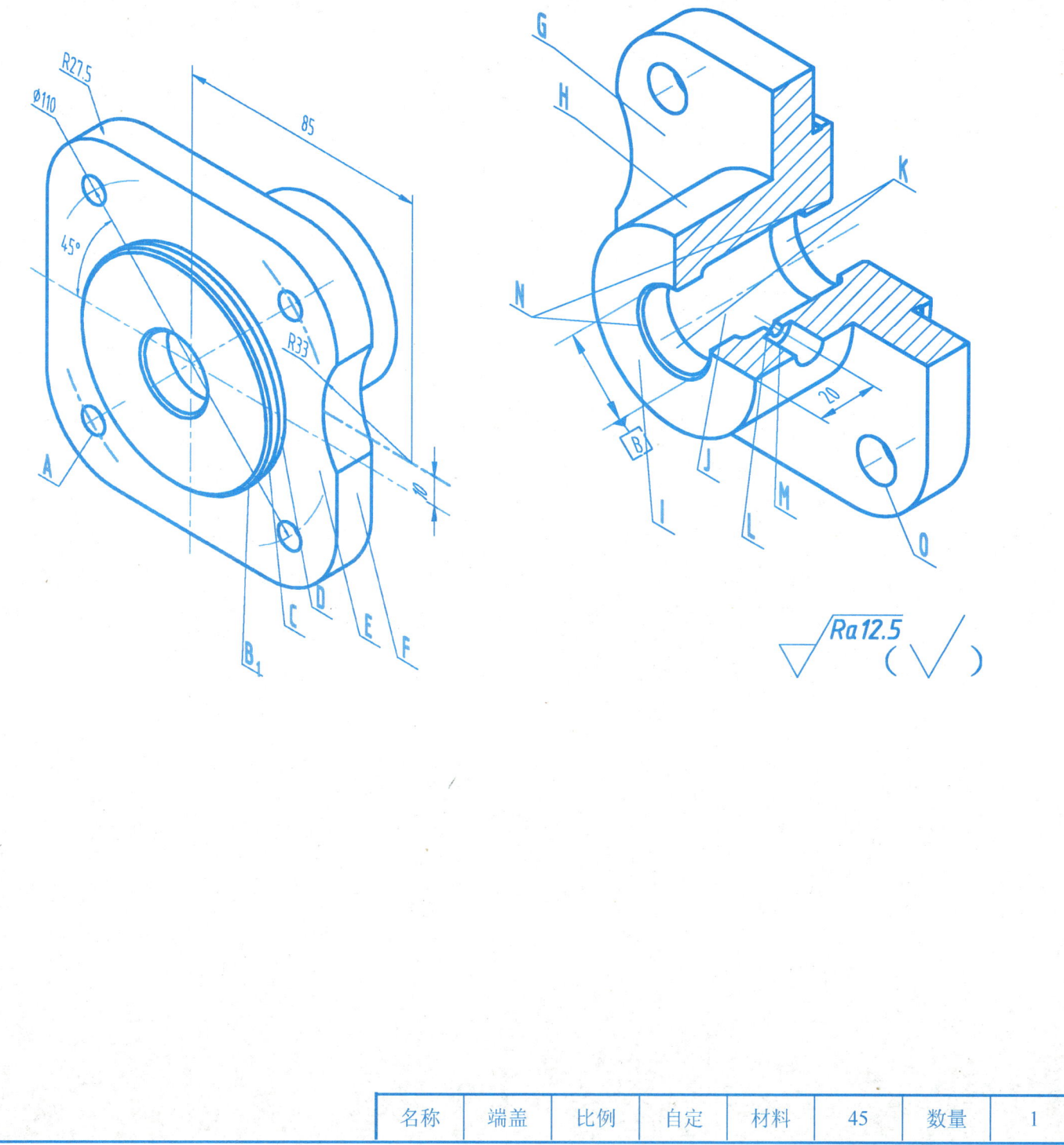

√Ra12.5 (√)

名称	端盖	比例	自定	材料	45	数量	1

第六章 零件图

在 A3 图纸上画出支座的零件图。

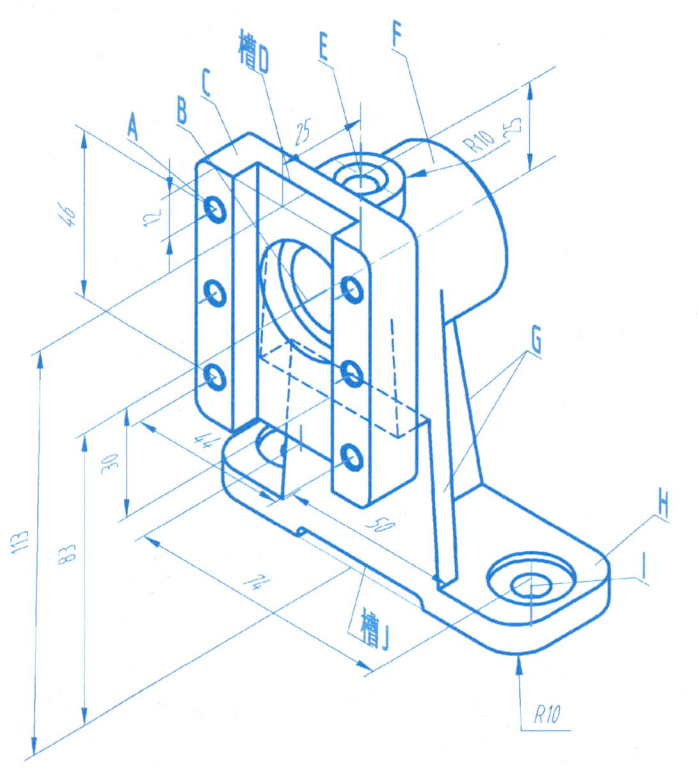

技术要求

1. 未注铸造圆角 $R2 \sim R4$。
2. 铸件不能有砂眼、气孔等缺陷。
3. 锐边倒钝。
4. 铸件需时效处理。

表面	尺寸	粗糙度、公差、配合
A	6×M6 深 12	
B	ϕ30×6、ϕ22	ϕ22 圆柱面 Ra3.2、公差带 H8
C	56×70×15	带螺纹孔端面 Ra1.6
槽 D	32×8	槽底 Ra3.2，两侧面 Ra1.6
E	M8-6H/ϕ12×90°	
F	ϕ40×38	倒角 C1，端面 Ra12.5
G	T 形肋板，厚度 6	与均布螺纹端面距离为 25，与端面 F 相交
H	100×35×8	圆角 R10，底面 Ra3.2
I	2×ϕ9/⌴ϕ20↓2	粗糙度 Ra3.2
槽 J	40×3	

| 名称 | 支座 | 比例 | 自定 | 材料 | HT200 | 数量 | 1 |

第六章 零件图

班级： 姓名： 学号：

在 A3 图纸上画出支架的零件图。

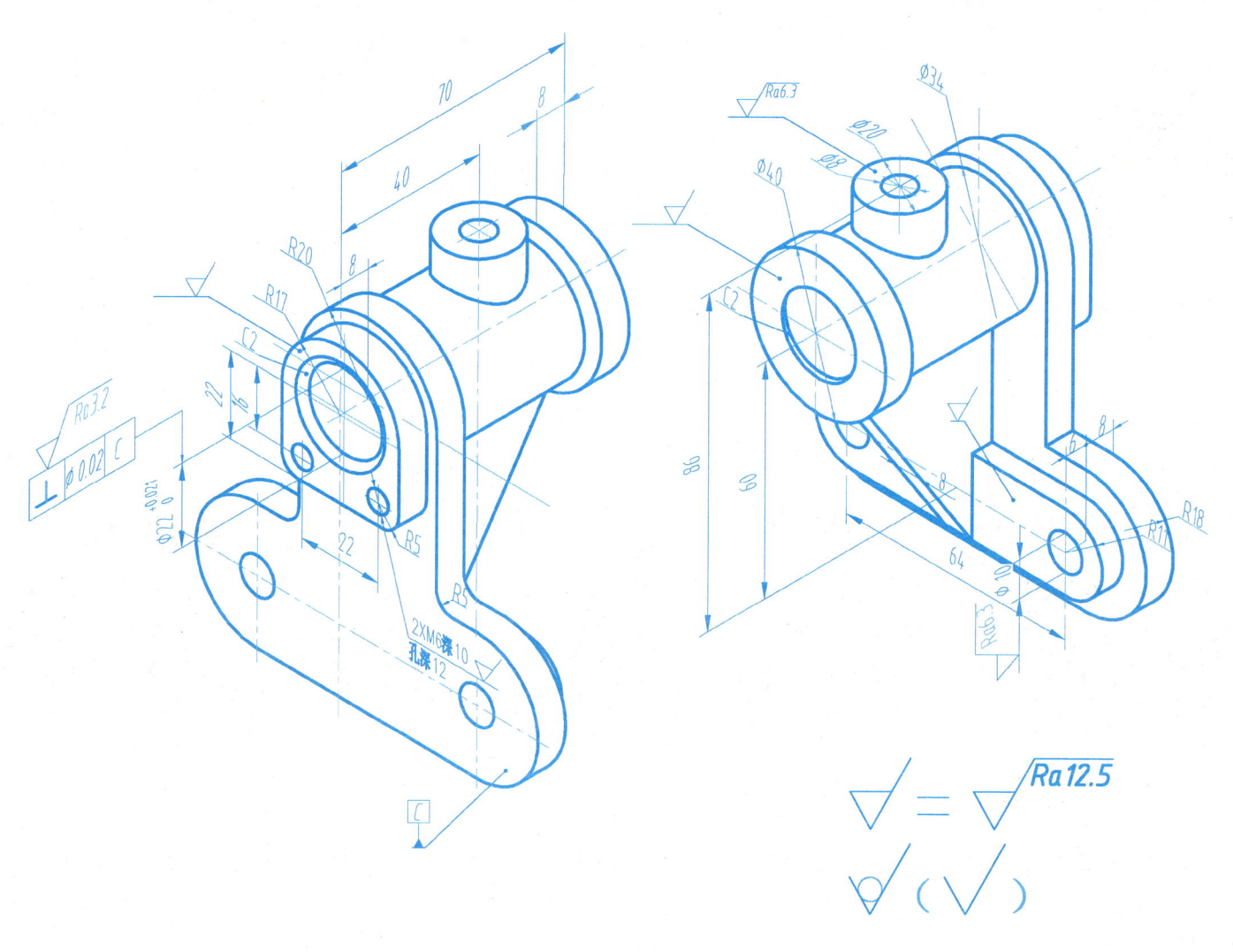

技术要求

1. 未注铸造圆角 R2～R3。
2. 铸件不能有砂眼、气孔等缺陷。

	支架	比例	自定		
		件数			
制图			重量	材料	45
描图					
审核					

第六章　零件图

班级：　　　姓名：　　　学号：　　　−46−

在 A3 图纸上画出支座的零件图。

技术要求

1．未注铸造圆角 R2～R3。

3．铸件不能有砂眼、气孔等缺陷。

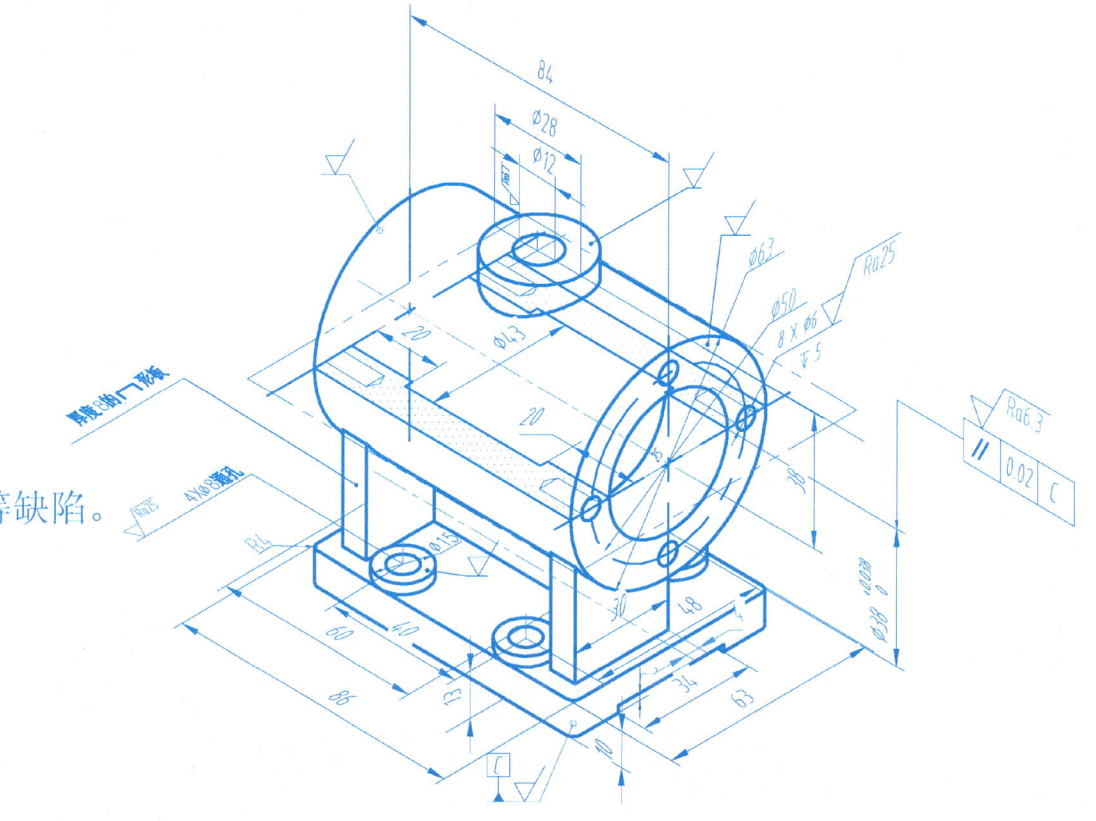

	支座	比例	自定		
		件数			
制图			重量		材料	45
描图					
审核					

第六章 零件图

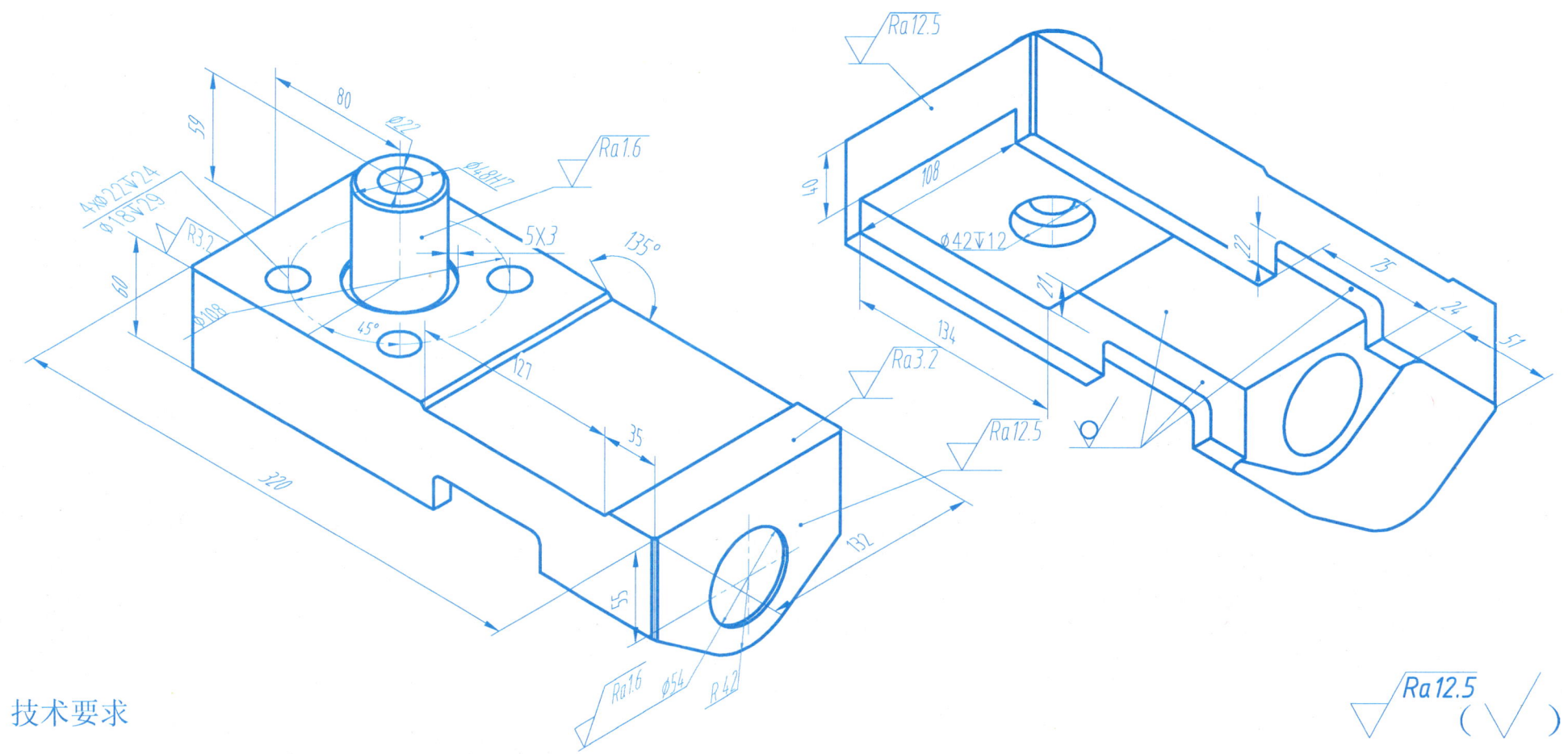

技术要求

1. 未注倒角 2×45°。
2. 未注铸造圆角 R5。
3. 铸件不能有砂眼、气孔等缺陷。

	夹具体	比例	自定		
		件数			
制图		重量		材料	SKD-11
描图					
审核					

第六章 零件图

在 A3 图纸上画出导向支架的零件图。

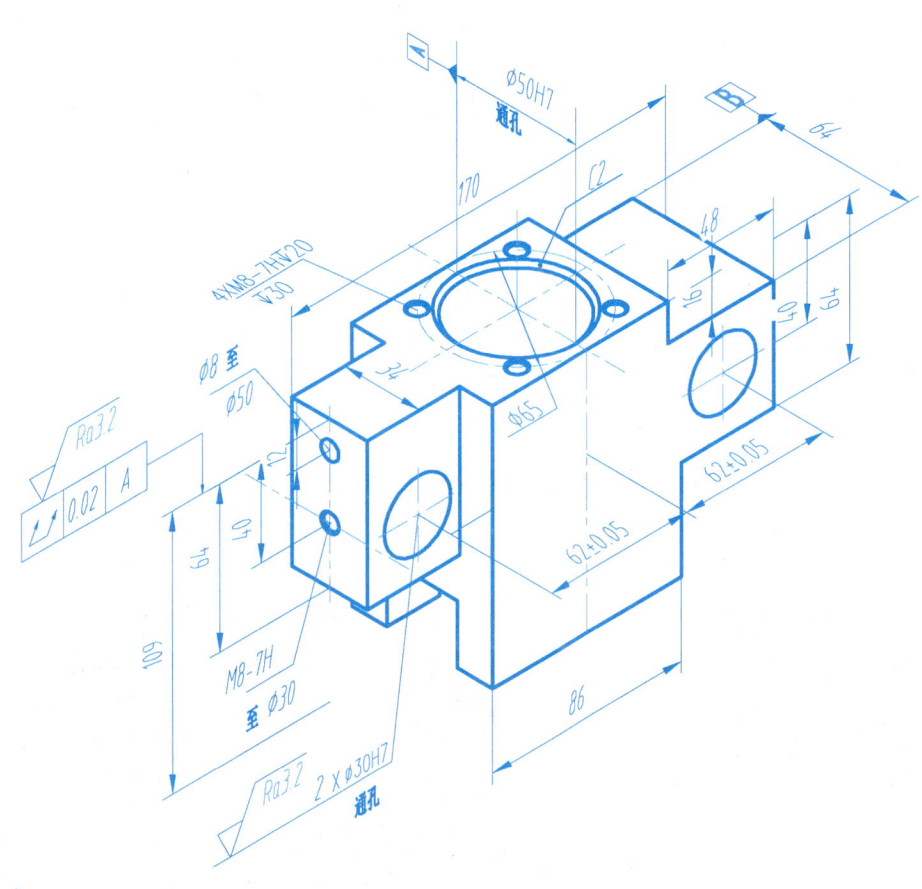

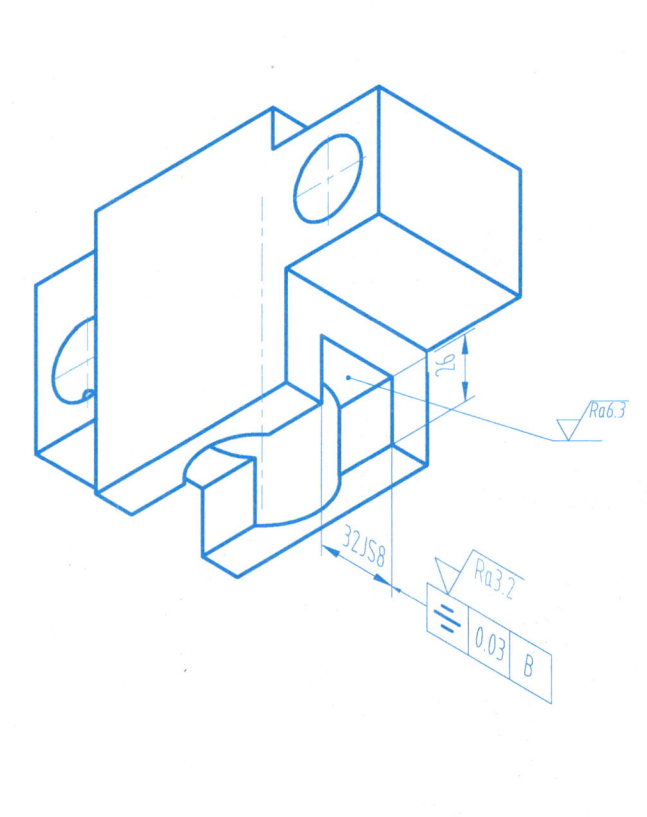

技术要求

1. 铸件不能有砂眼、气孔等缺陷。
2. 锐边倒钝。
3. 未注圆角 $R3 \sim R5$。
4. 铸件需时效处理。

	导向支架		比例	自定		
			件数			
制图			重量		材料	40Cr
描图						
审核						

第六章 零件图

读双键套零件图，并回答问题：

（1）该零件图采用了哪些表达方法，各视图的表达重点是什么？

（2）D—D 移出断面图的剖切符号为什么不用箭头？

（3）在图中指出主轴长度方向的主要尺寸基准。

（4）键槽的定位尺寸为____，定形尺寸为____。

（5）退刀槽尺寸 2×0.5 的含义是____。

（6）说明图中两个形位公差的意义。

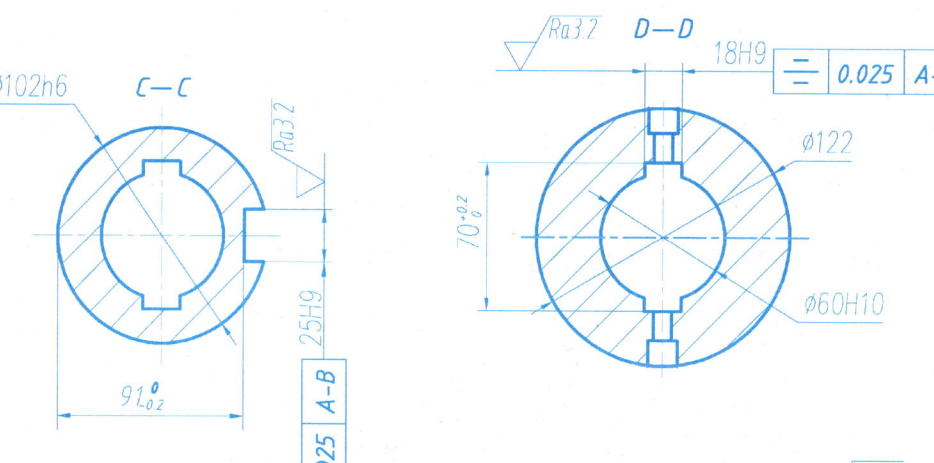

（7）将图中所注的粗糙度从高到低排列：

（8）用三维建模软件建模。

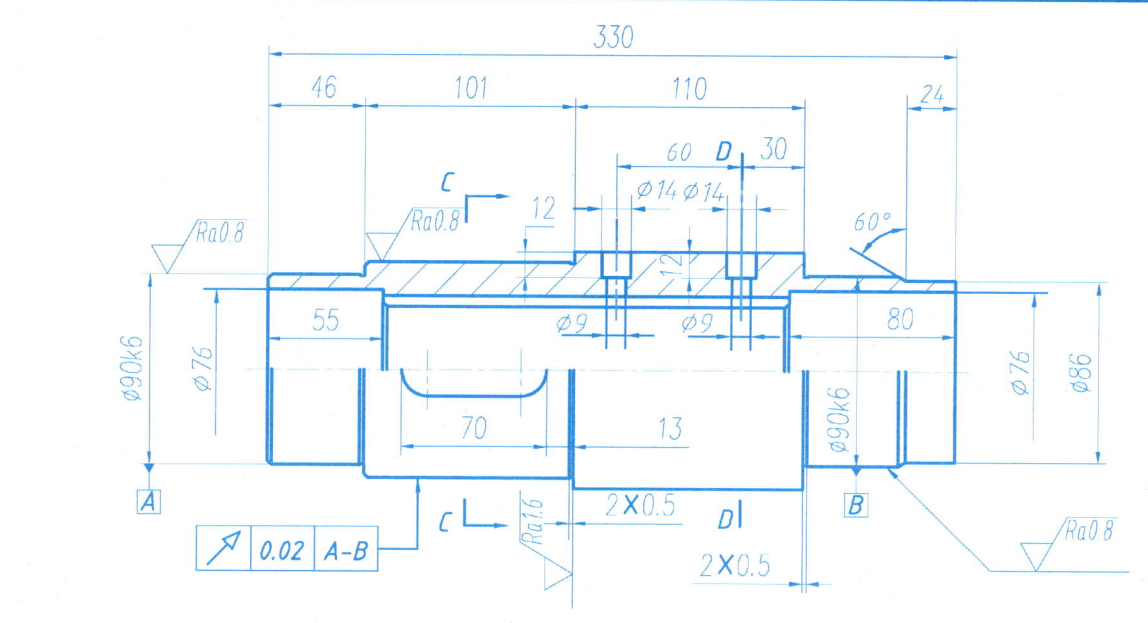

技术要求

1. 未注倒角 2×45°。
2. 淬火硬度 24～28HRC。

双键套　材料 45

第六章 零件图

读手柄零件图,并回答下列问题。

(1) 该零件图的主视图为____剖视图,也可采用____剖视图。

(2) 该零件的内部和外部结构主要是____体,故设计基准是指____向和____向的主要基准。

(3) $\phi 4H7\begin{pmatrix} +0.012 \\ 0 \end{pmatrix}$ 的含义是____。

(4) 右端面形位公差框格的含义是____。

(5) 补画 A—A 断面图。

A—A

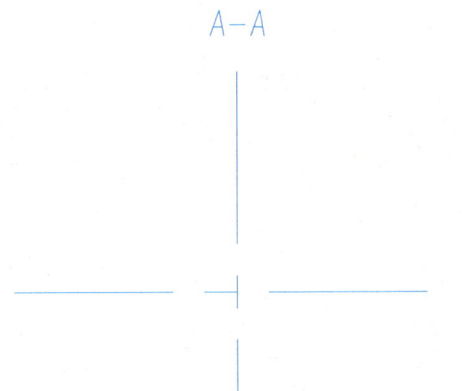

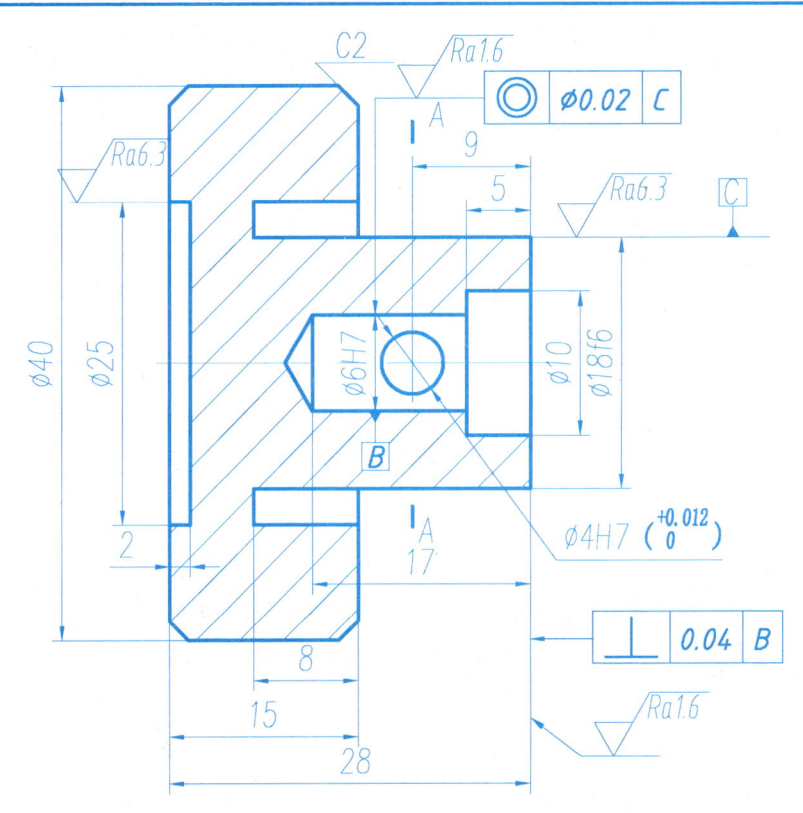

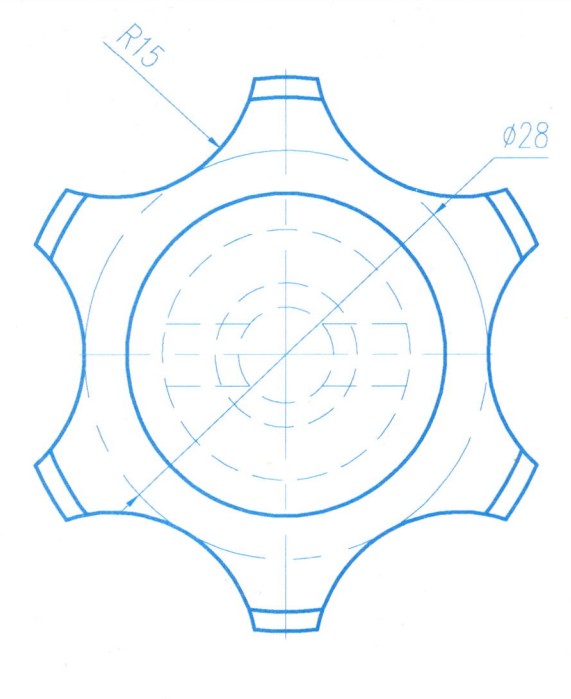

	手柄		比例			
			件数			
制图			重量		材料	Q235
描图						
审核						

第六章 零件图

读支架零件图，并回答问题：

（1）该零件的名称是____，材料是____。该零件采用了____个图形表达，其中 A—A 采用了的图样画法。

（2）主视图中标注尺寸为 18 的部分的深度是____。

（3）该零件精度要求最高的表面是____。

（4）列出三个定位尺寸_____。列出三个定形尺寸_____。

（5）该零件图的尺寸有公差要求的是____，其上极限尺寸是____，下极限尺寸是____。

（6）按照原图比例绘制全剖左视图。

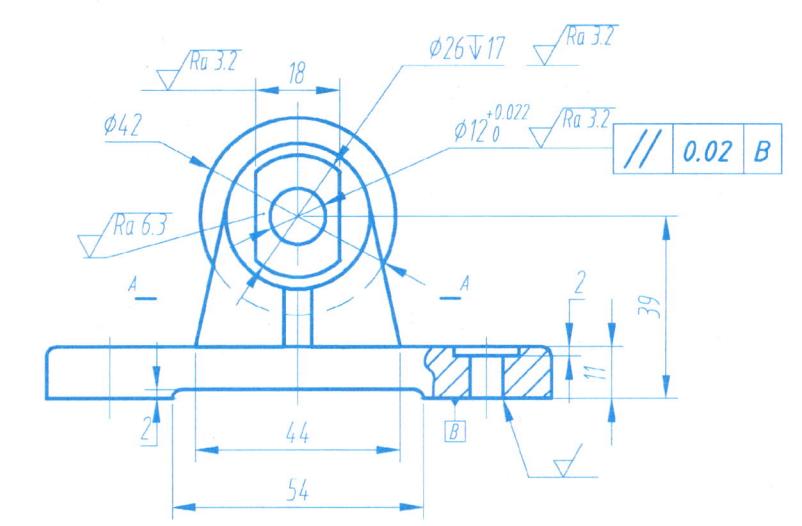

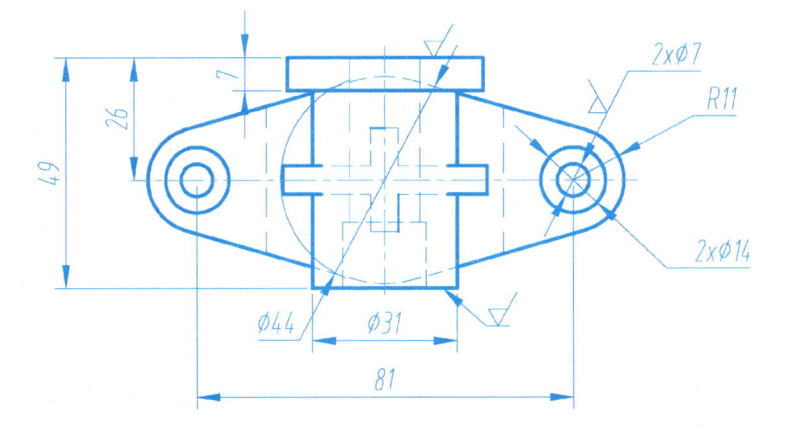

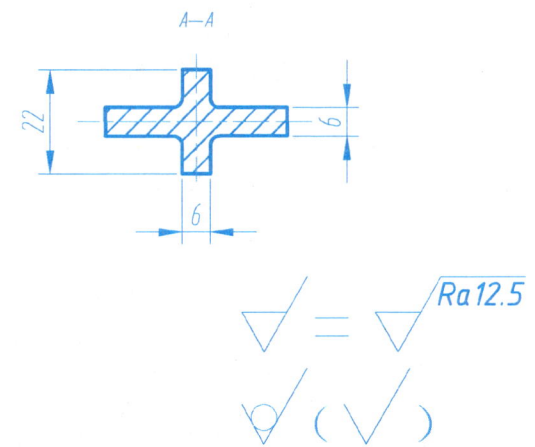

支架　　材料 HT200

第六章 零件图

读零件图,并回答问题:

(1) 该零件的名称是____。该零件采用了____个图形表达零件,其中主视图采用了____的图样画法。

(2) 主视图的标注 2×M14×1.5-7H 中,M 表示____,14 表示____,1.5 表示____。

(3) 该零件精度要求最高的表面是____。

(4) 尺寸 74×74 可以简化为____。

(5) $\phi 50H7\begin{pmatrix} +0.025 \\ 0 \end{pmatrix}$ 孔的上极限尺寸是____,下极限尺寸是____,公差是____。

(6) 按照原图比例绘制左视图的外形图。

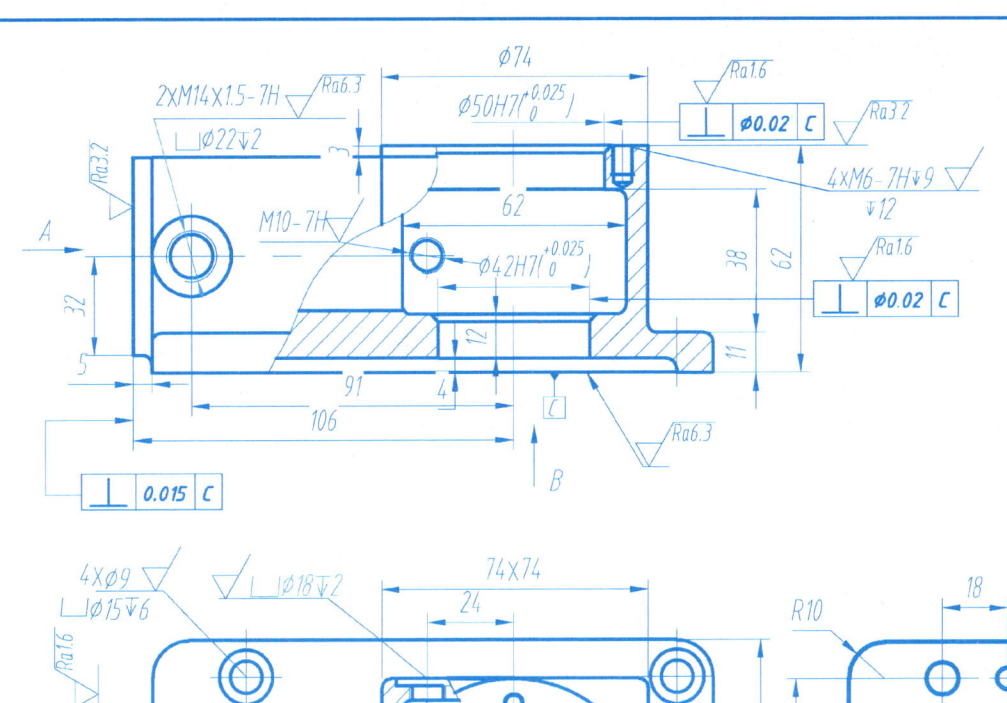

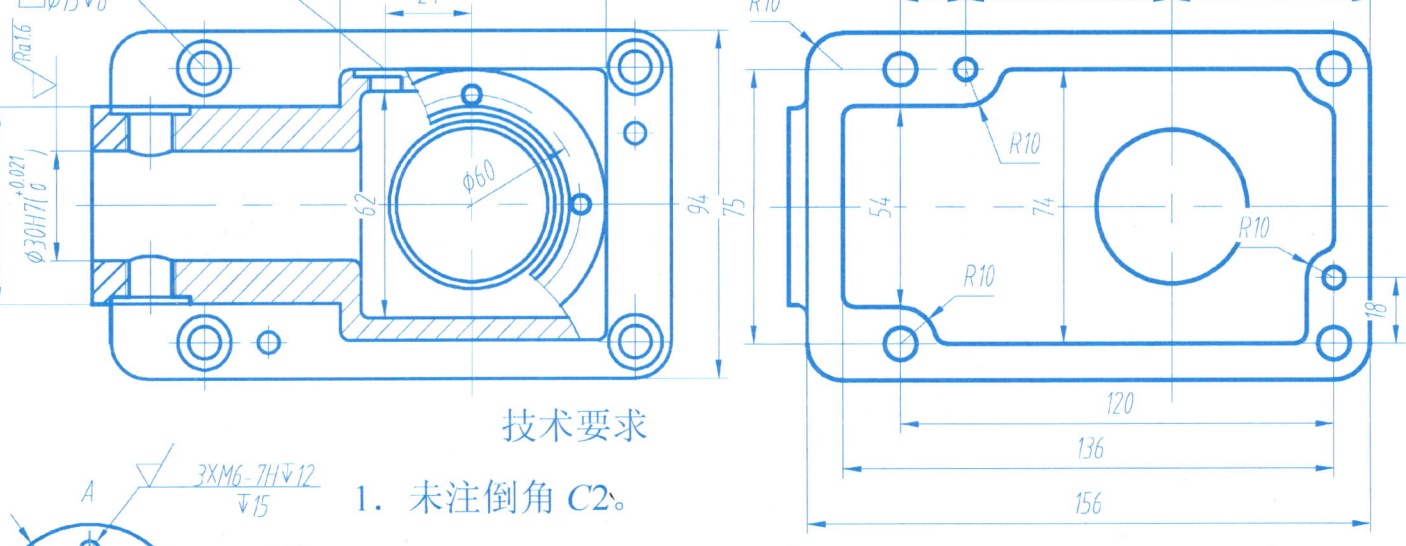

技术要求

1. 未注倒角 C2。
2. 未注圆角 R3~R5。
3. 铸件应经时效处理,以消除内应力。

泵体　　材料 HT200

第七章 装配图

班级： 姓名： 学号：

根据安全阀的装配示意图和零件图，画出其装配图。

安全阀安装在输送油液的管路上，防止管路超压，保证管路的压力安全。正常工况下，油液从进油口进入阀体，经出油口输出。一旦管路发生异常导致油压升高超过弹簧压力，阀门将被顶开，部分油液会从安全出油口流出，从而使管路中的压力恢复正常，这时弹簧又将阀门压下，油液变为仅从出油口流出。

螺杆用于调节弹簧压力的大小，阀帽用于保护螺杆免受损伤或触动。为了防止阀帽脱落，用一个螺钉将其固定在阀盖上。阀门是圆筒形的，底部较小较厚，下端部与阀体内的阀座用锥面接触（90°研配），阀门底部的 M6 螺纹孔供加工和拆卸时用。阀门壁上有两个横向小孔，可以减少阀门上下运动时的背压力，提高安全阀的调压灵敏度。此外，当油液进入阀体上部时，可从阀门小孔流出。阀体中装配阀门的孔采用了四个弧形凹槽结构，以减少加工面，而且采用了间隙配合。当阀门开启上升时，上部空气从弧形槽排出。弧形槽除可用于排出空气外，还可以起导轨的作用，使阀门上下运动自如。阀体与阀盖用四组螺柱连接，中间垫有垫片，起密封防漏作用。

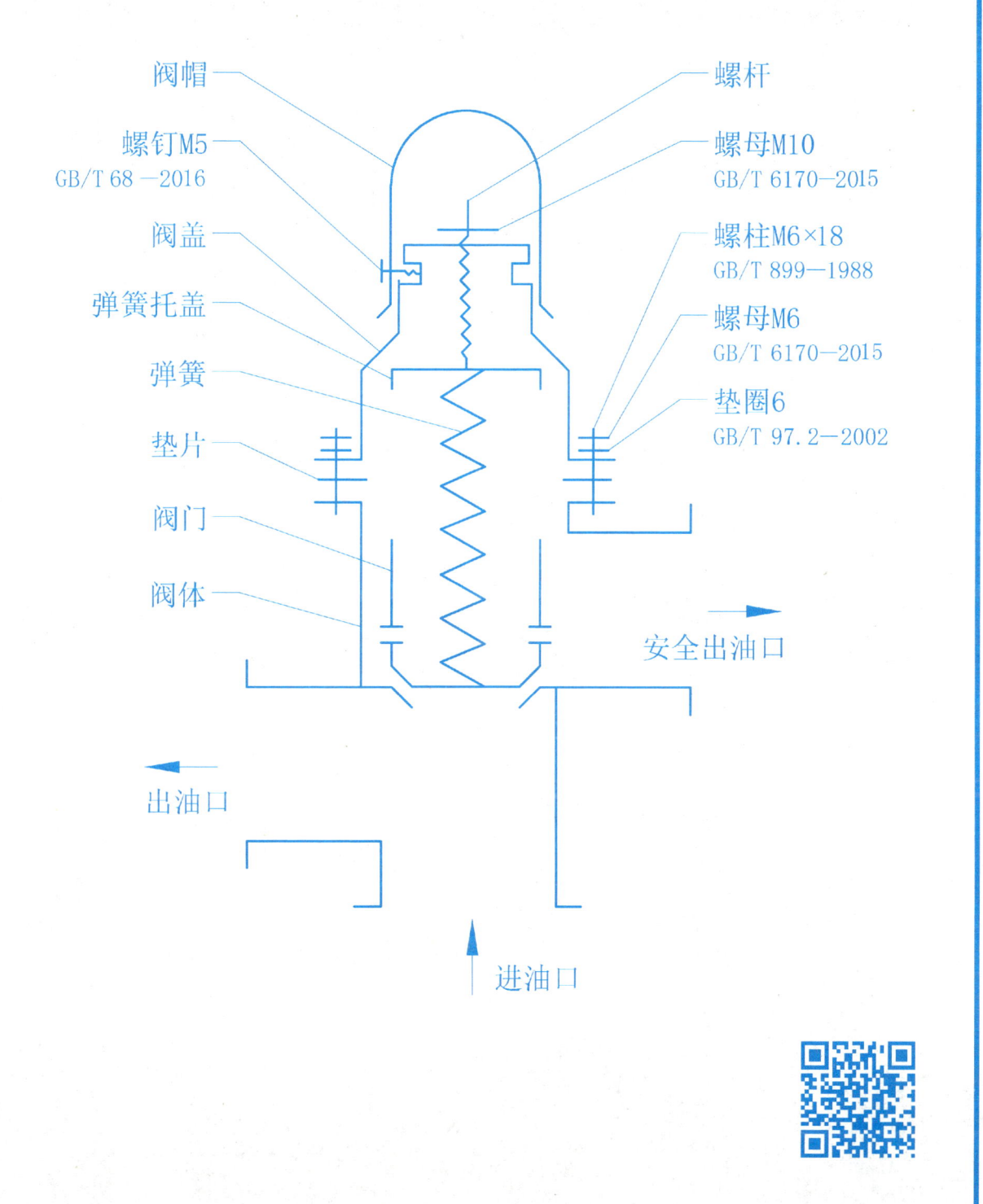

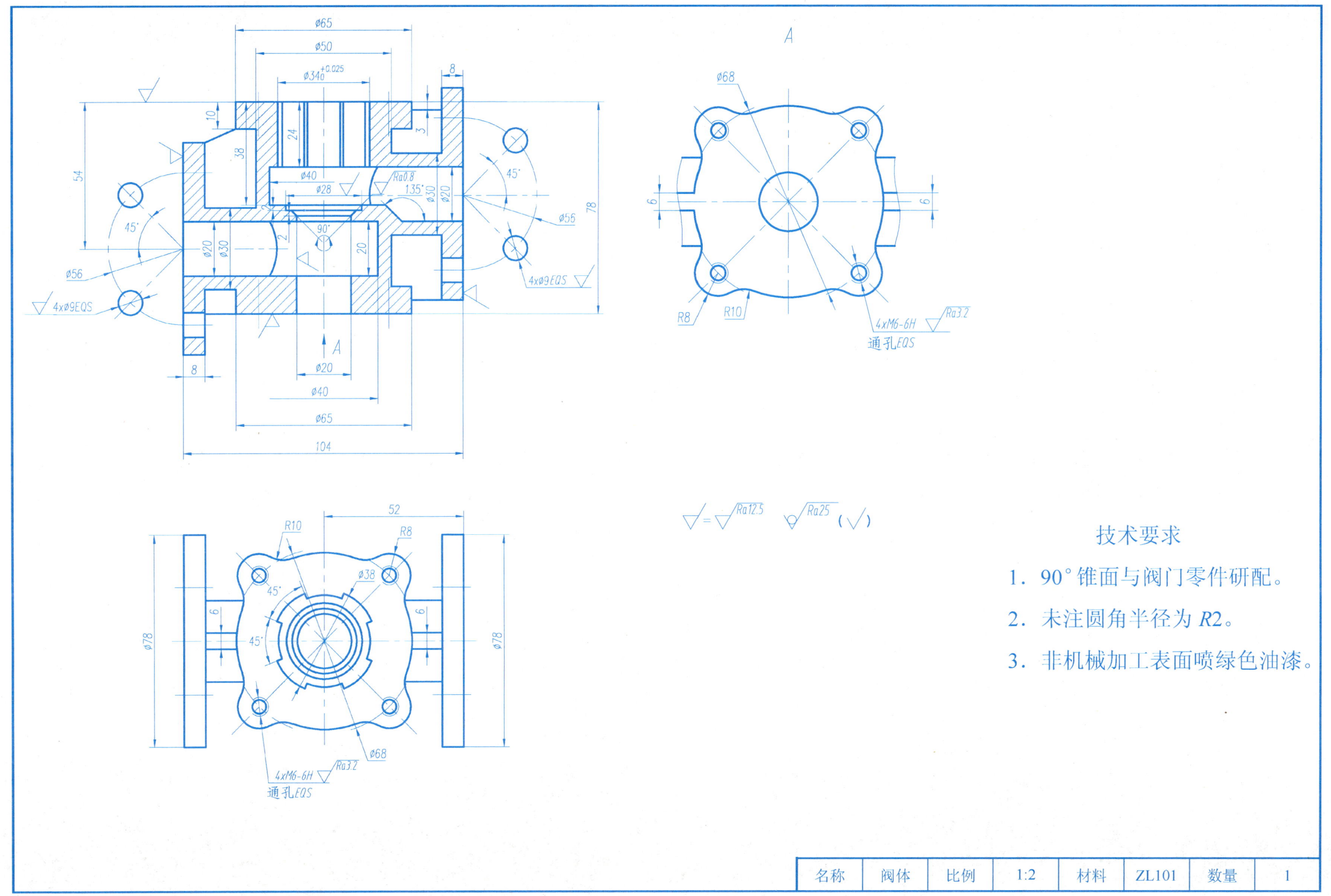

第七章 装配图

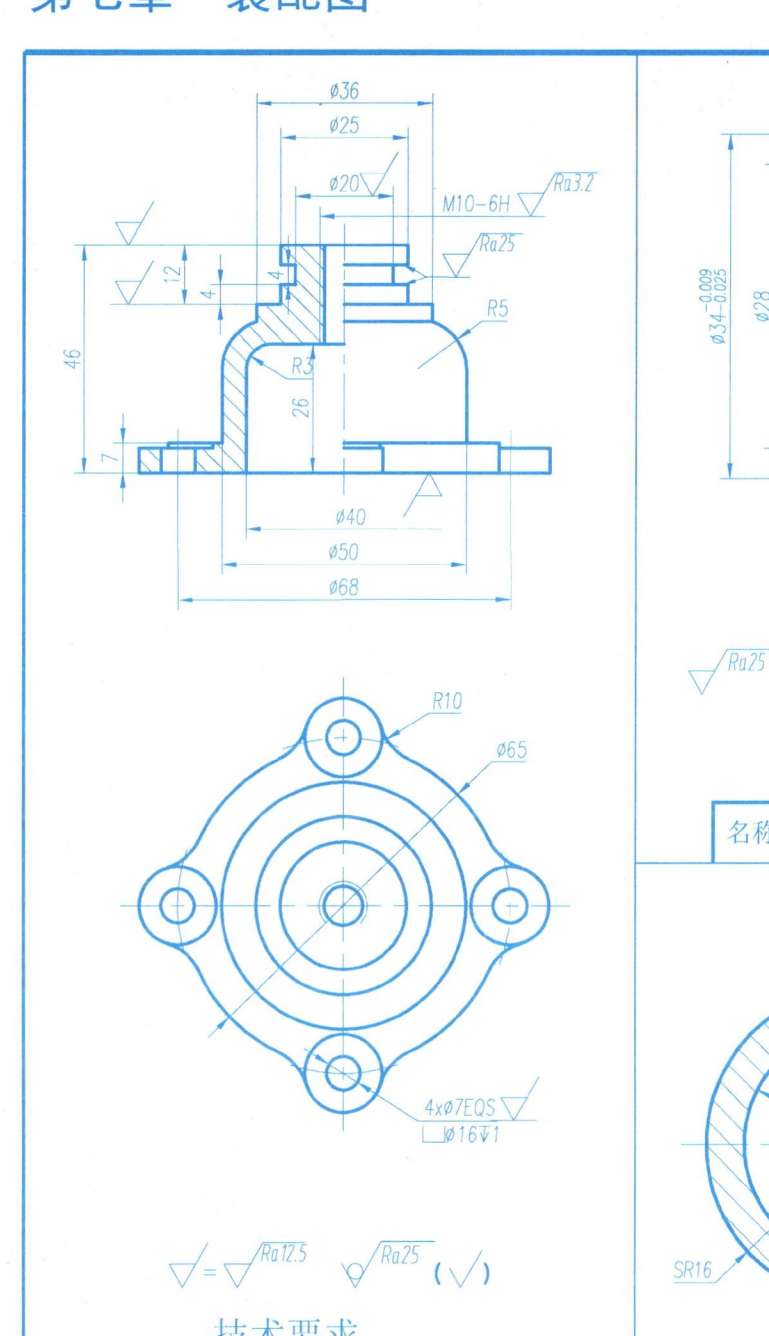

技术要求
未注圆角半径为 R2。

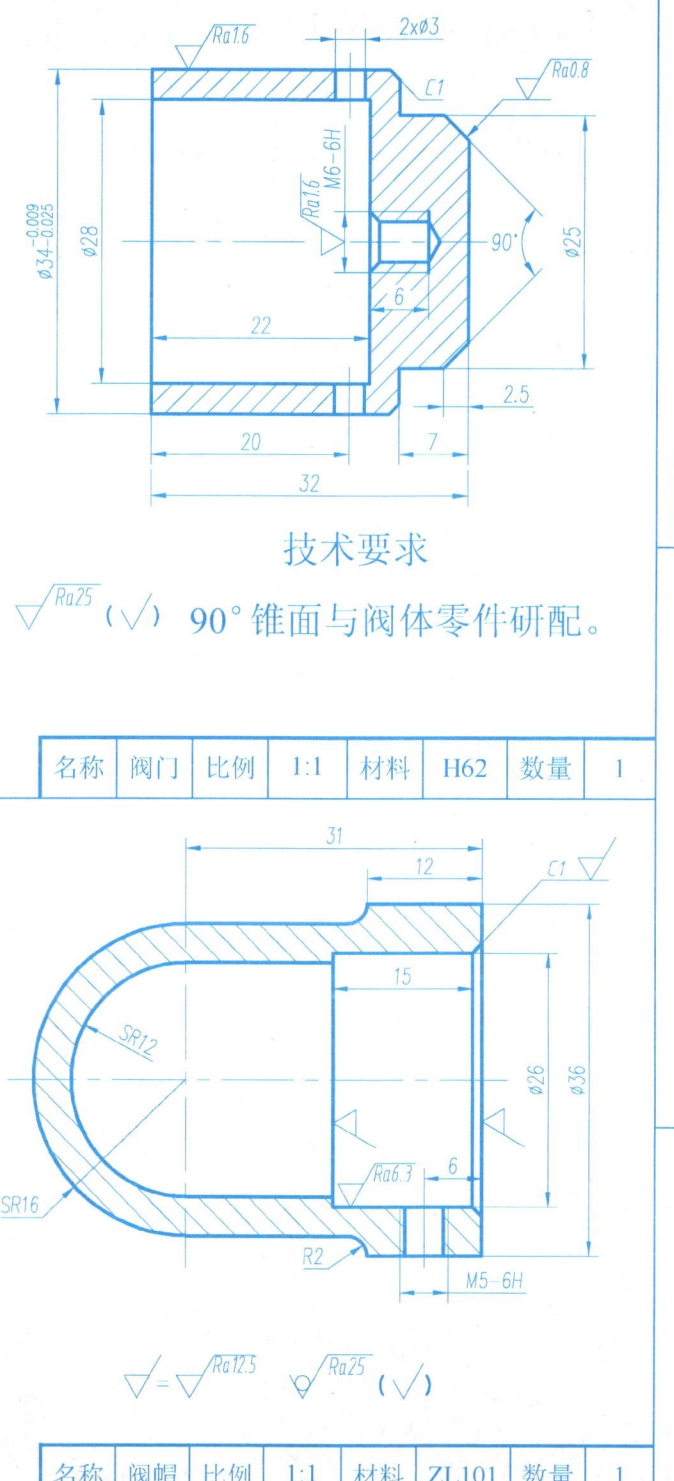

技术要求
$\sqrt{Ra25}$ (√) 90°锥面与阀体零件研配。

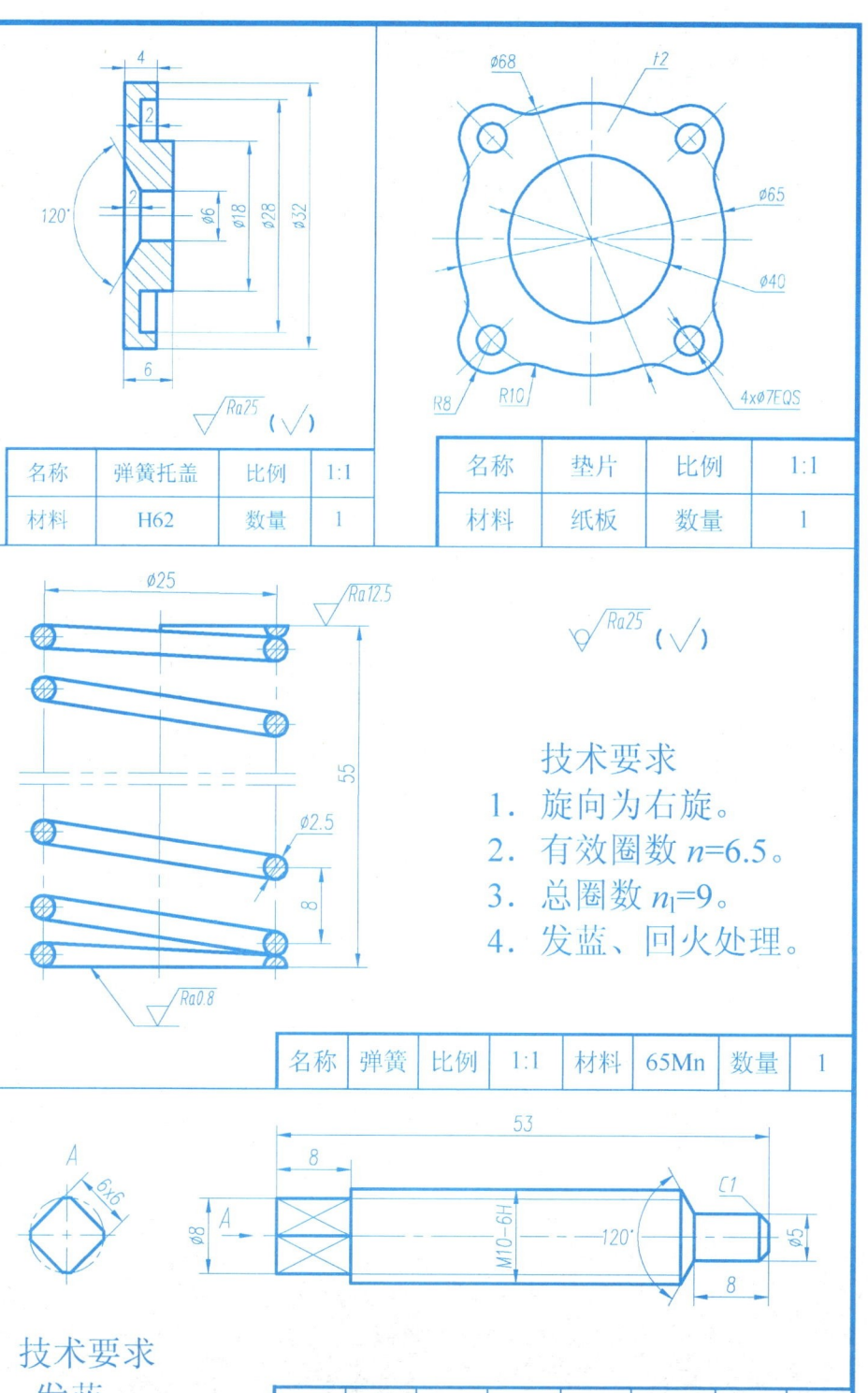

技术要求
1. 旋向为右旋。
2. 有效圈数 n=6.5。
3. 总圈数 n_1=9。
4. 发蓝、回火处理。

技术要求
发蓝。

第七章 装配图

班级：　　　　姓名：　　　　学号：

图示三角皮带传动机构安装在减速器上，由减速器齿轮提供动力并通过三角皮带输出。读懂装配图，完成以下内容。

（1）该机构共有____个零件，其中包含____种标准件。

（2）该装配图采用的特殊表达方法包括：_____。

（3）零件11的主要作用是：_____；
零件7和零件8的主要作用是：_____。

（4）5×φ9EQS 是装配图中的____尺寸，φ135 是____尺寸；φ168 是____尺寸。

（5）φ27H8/g7 是____尺寸，属于____配合，其基准制为____。

（6）拆画零件9的零件图。

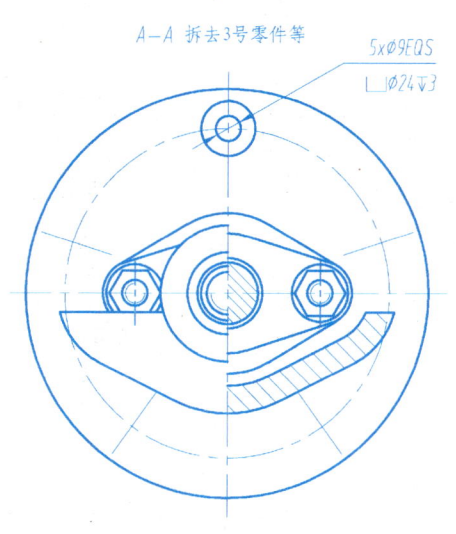

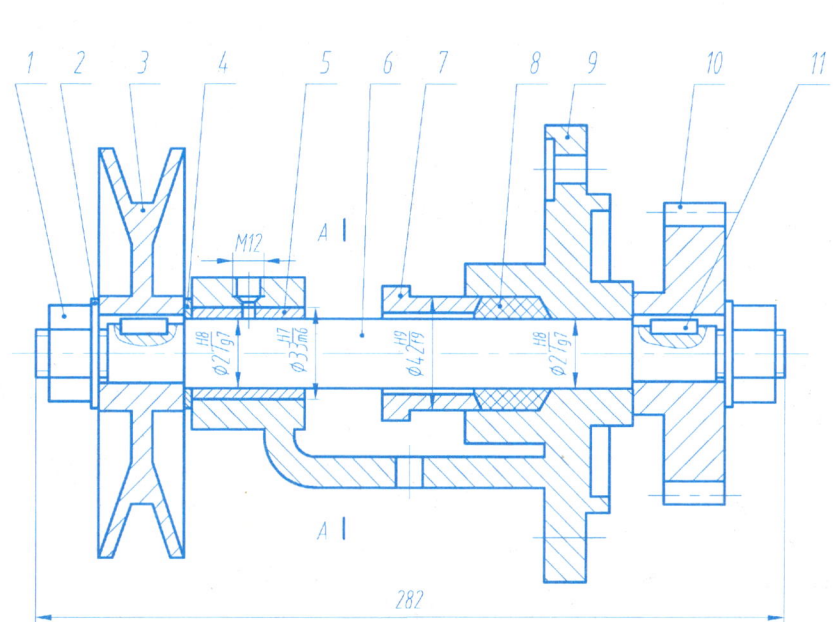

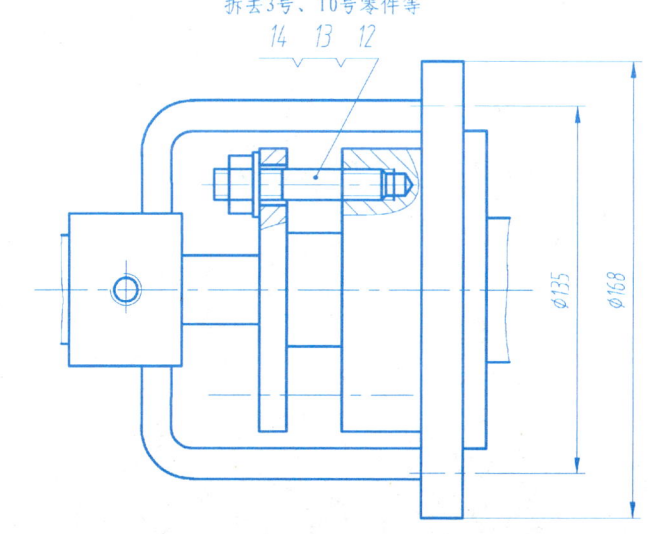

14	螺母 M12	2	Q235	GB/T 6170—2015
13	垫圈 12	2	Q235	GB/T 97.1—2022
12	双头螺柱 M12×55	2	Q235	GB/T 899—1988
11	键 8×7×20	2	45	GB/T 1096—2003
10	齿轮	1	HT250	$m=4$, $z=26$
9	托架	1	HT250	
8	填料	1	油麻纱	
7	填料压盖	1	HT250	
6	轴	1	35	
5	衬套	1	ZPSn6-6-3	
4	调整片	1	Q235	
3	皮带轮	1	HT250	
2	垫圈 20	2	Q235	GB/T 97.1—2002
1	螺母 M20	2	Q235	GB/T 6170—2015
序号	名称	数量	材料	备注

三角皮带传动机构	比例	1:3
	重量	

制图		
描图		
审核		

第七章 装配图

图示的柱塞泵是用来提高输送液体压力的供油部件。读懂装配图,回答以下问题。

(1)简单描述柱塞泵的工作原理。

(2)零件5和零件8之间采用的是哪种配合?是否可以采用其他配合?说明原因。

(3)柱塞往复运动一次的泵油量与图中的哪些尺寸有关?

(4)零件6的具体作用是什么?

(5)拆画零件1和零件13的零件图。

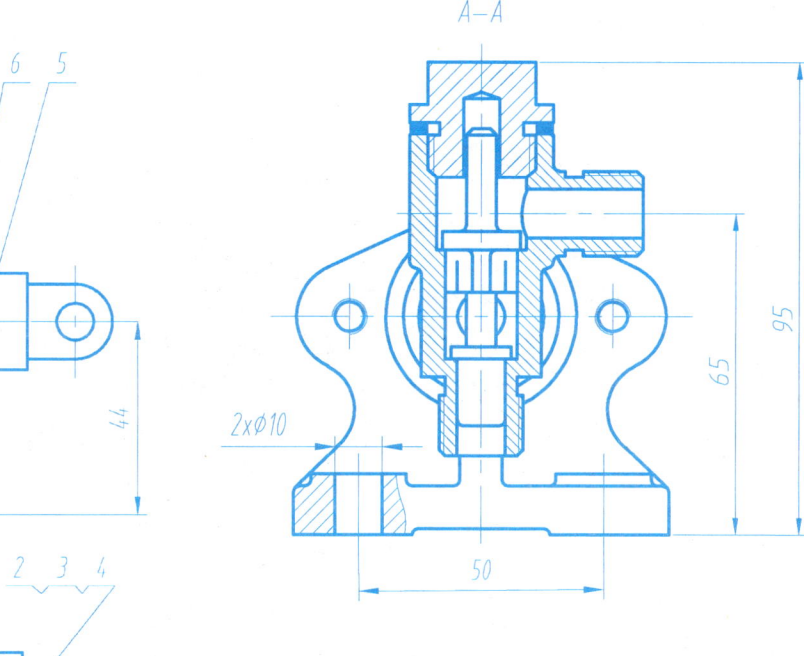

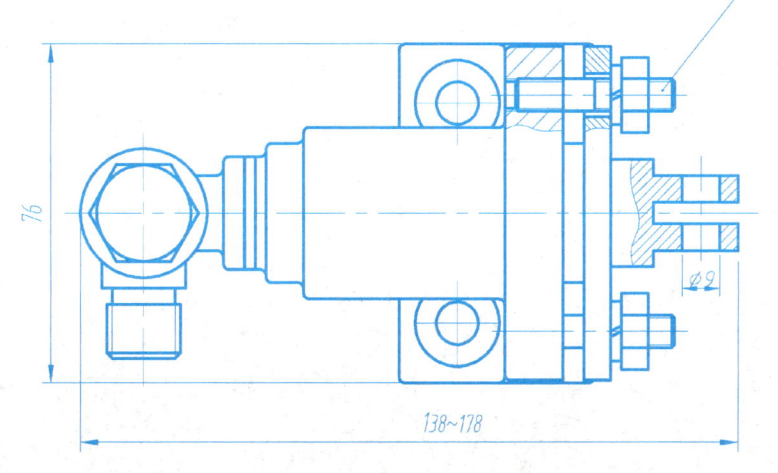

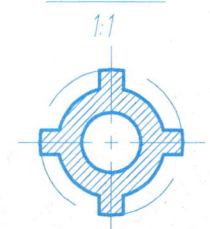

零件10 B—B
1:1

零件14 C—C
1:1

14	下阀瓣	2	ZCuZn38Mn2Pb2	
13	管接头	2	ZCuZn38Mn2Pb2	
12	螺塞	2	ZCuZn38Mn2Pb2	
11	垫片	2	3707	
10	上阀瓣	1	ZCuZn38Mn2Pb2	
9	垫片	1	3707	
8	外套	1	ZCuZn38Mn2Pb2	
7	填料	1	Tt31-02	
6	填料压盖	1	ZCuZn38Mn2Pb2	
5	柱塞	1	45	GB/T 900—1988
4	螺柱 M8×35	2	Q235	GB/T 897—1988
3	垫圈 8	2	Q235	
2	螺母 M8	2	Q235	GB/T 6170—2015
1	泵体	1	HT200	
序号	名称	数量	材料	备注

柱塞泵	比例	1:3
	重量	
制图		
描图		
审核		

第七章 装配图

读懂折角阀装配图，弄清其工作原理并拆画零件15、零件18的零件图。

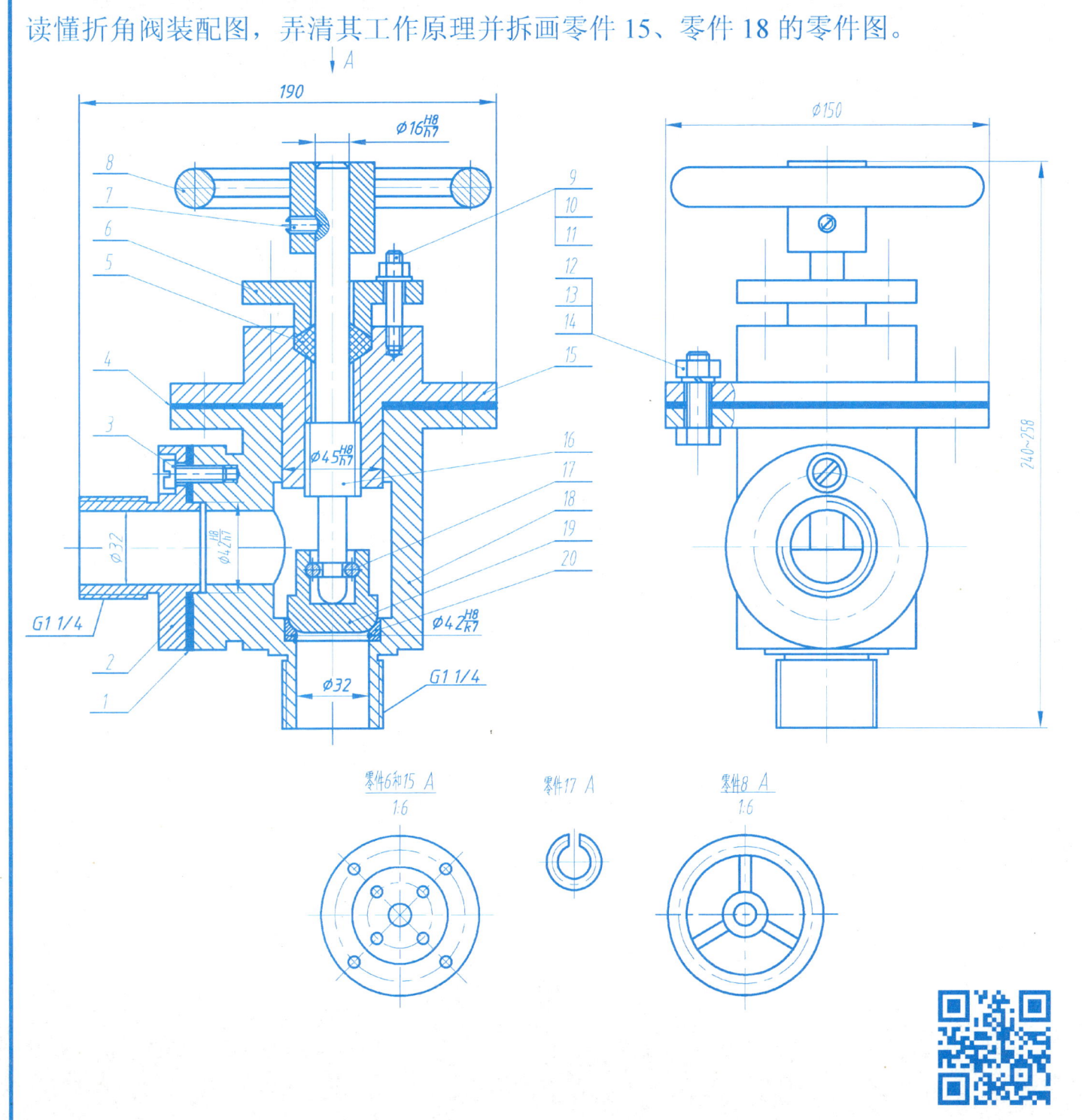

20	阀座	4	ZCuSn5Pb5Zn5	
19	阀瓣	4	ZCuSn5Pb5Zn5	
18	阀体	4	HT200	
17	卡环	1	50Mn	
16	阀杆	1	ZCuSn5Pb5Zn5	
15	压盖	1	HT150	
14	垫圈 10	1	Q235	GB/T 93—1987
13	螺母 M10	1	Q235	GB/T 6170—2015
12	螺栓 M10×35	1	Q235	GB/T 5783—2016
11	垫圈 8	4	Q235	GB/T 97.1—2002
10	螺母 M8	4	Q235	GB/T 6170—2015
9	螺柱 M8×30	4	Q235	GB/T 900—1988
8	手轮	2	HT100	
7	螺钉 M6×14	2	Q235	GB/T 67—2016
6	压盖	1	HT100	
5	填料	1	YS250	
4	垫片	1	石绵纸	GB/T 67—2016
3	螺钉 M6×22	4	Q235	
2	接盘	1	HT150	
1	垫片	1	石绵纸	
序号	名称	数量	材料	备注

折角阀　比例 1:3